Las Disciplinas De Un Guerrero

ISBN: 9798841630210

DEDICACIÓN

Este libro está dedicado al[1er] Sargento Retirado Bill Miles, mi amigo cercano y mentor. Elegí a tu hermano como mi inspiración para escribir este libro. Es gracias a ustedes que he aspirado a convertirme en un líder en mi comunidad y un Guerrero para Jesucristo. Proyecto de ley; te comprometiste a defender lo que era correcto, sin dejar de mostrar compasión por los demás. Bill Miles, usted es un verdadero héroe señor, me mostró de qué se trataba la nave líder. Estoy eternamente agradecido por sus sacrificios a nuestro país, y Echo Company 2-159 ARB Alemania. También estoy agradecido por nuestra amistad, hermandad y por la sabiduría que continúan compartiendo. ¡Gracias!

Proverbios 4:4-8 dice: "Me enseñó y me dijo: Que tu corazón se aferre a mis palabras; guarda mis mandamientos y vive. Obtén sabiduría; obtener información; no olvides, y no te alejes de las palabras de mi boca. No la abandones, y ella te guardará; ámala, y ella te protegerá. El comienzo de la sabiduría es este: Obtén sabiduría, y lo que sea que obtengas, obtén perspicacia. Valora mucho, y ella te exaltará; ella te honrará si la abrazas".

CONTENIDO

Introducción: Desarrollo de valores de liderazgo centrados en Cristo

El Señor me habló poco antes de dejar el Ejército de los Estados Unidos, esto fue a finales de octubre de 2007. Jesús me dijo que me traíamos a un nuevo lugar donde usaría las experiencias de ser un soldado en combate con los dones artísticos con los que me había bendecido. Me dijo que estas herramientas impactarían las vidas de mi familia y de miles de otras personas. Sin embargo, me había acostumbrado al estilo de vida militar y aún no estaba listo para hacer la transición a ser civil. Recientemente había sido desplegado en Irak por un corto período de tiempo, donde pasé por algunas circunstancias difíciles. El liderazgo en mi unidad, es decir, mis líderes de escuadrón, [1er] Sargento y varios otros velaron por mi bienestar físico, emocional y espiritual. Me enseñaron lo que significa tener valores fuertes y liderar a los demás. Fue unos años después que me sentí inspirado a escribir un libro y material de capacitación sobre cómo ayudar a otros a desarrollar habilidades de liderazgo centradas en Cristo.

Este libro es una colección de mis experiencias personales como soldado, combinadas con principios bíblicos para mostrar a otros los paralelismos de servir a su país y servir a Cristo. En este libro encontrará ejemplos de entrenamiento en el ejército, y numerosas citas de las Escrituras para apoyar el material escrito en este libro. El propósito de este libro es alentar, inspirar y motivar a cualquier individuo en nuestro mundo a dar un ejemplo de liderazgo centrado en Cristo. Comenzaré utilizando varios ejemplos entre la doctrina militar y la doctrina bíblica. Espero que comprendan una nueva comprensión del liderazgo y de lo que significa comprometerse, ser voluntario o servir a un propósito superior. Un "guerrero" no siempre es la persona más rápida o más fuerte, sino alguien que elige ponerse de pie, con coraje, haciendo lo que es legal y moralmente correcto. ¡Los guerreros protegen, preservan y empoderan a otros para que tengan la victoria!

1 DEFINICIÓN DE GUERRERO

Fui dado de baja honorablemente del Ejército de los Estados Unidos en 2007, y volví a casa en el ambiente de una comunidad cristiana aparentemente apática. Mi alma anhelaba compartir la hermandad de servir a un propósito superior con el cuerpo de Cristo como lo que había experimentado en el ejército. En cambio, lo que encontré fue una actitud de indiferencia, y a menudo veía a hermanos y hermanas preocupados por sus camarillas sociales. Me decepcionó presenciar lo que creía que era un carácter hipócrita egocéntrico con algunos creyentes. No podía entender por qué algunos creyentes podían tratar a los demás con desprecio debido a la apariencia o el estatus. A decir verdad, es por eso que hay tantas "peleas" en la iglesia de hoy. Creo firmemente que muchos hoy en día han perdido el verdadero significado de lo que es ser un seguidor de Cristo. Como civil en transición a soldado, recuerdo que decir el juramento de alistamiento es muy similar a la oración de los pecadores.

Dice: "Juro solemnemente que apoyaré y defenderé la Constitución de los Estados Unidos contra todos los enemigos, extranjeros y nacionales; que llevaré verdadera fe y lealtad a la misma; y que obedeceré las órdenes del Presidente de los Estados Unidos y las órdenes de los oficiales nombrados sobre mí, de acuerdo con las regulaciones y el Código Uniforme de Justicia Militar. Así que ayúdame Dios". La escritura dice en 2 Corintios 5:17 "Por lo tanto, si alguno está en Cristo, la nueva creación ha venido, lo viejo se ha ido, ¡lo nuevo está aquí!". Isaías 43:18 dice: "No os olvidéis de las cosas anteriores, ni consideréis las cosas de antaño". La Escritura también dice en Gálatas 2:20 "Soy crucificado con Cristo; sin embargo, vivo; pero no yo, sino Cristo vive en mí: y la vida que ahora vivo en la carne la vivo por la fe del

Hijo de Dios, que me amó y se entregó por mí".

Hay tantas personas hoy en día que están buscando activamente para encontrar un propósito y la realización. Como Christian cuando dices la oración de los pecadores, estás de acuerdo con Cristo para vivir por su voluntad y propósito. Él te compró con su sangre por tu elección voluntaria para convertir tu vida en sus manos, como una persona que se ofrece como voluntario para alistarse en el ejército. Es a partir de ese momento que ya no eres dueño de ti mismo, tu cuerpo no es tuyo para seguir haciendo lo que quieras. Siendo realistas, la Biblia, la palabra de Dios es nuestro "S.O.P", usted conoce los Procedimientos Operativos Estándar. Una guía escrita de doctrina bíblica, "políticas" si se quiere, capacitación y guía sobre cómo vivir como un "seguidor de Cristo". El entrenamiento básico de combate es intenso en los nuevos reclutas, porque los instructores de ejercicios militares utilizan técnicas diseñadas para exterminar el viejo estilo de vida que estabas acostumbrado a vivir como civil, y luego transformarte en un nuevo soldado de equipo.

En el ejército, después de completar su entrenamiento básico inicial, pasa a lo que se llama Entrenamiento Individual Avanzado. Aquí es donde continúa aprendiendo sus habilidades recién seleccionadas y los dones que tiene para que no solo pueda tener un trabajo como miembro productivo de un equipo, sino también estar equipado y listo para atender las necesidades de los demás en un momento dado. En nuestra fe cristiana, esto se refiere en el libro de Hebreos 5:12-14 como "Leche y alimentos sólidos" "De hecho, aunque para este momento deberían ser maestros, necesitan a alguien que les enseñe las verdades elementales de la palabra de Dios de nuevo. ¡Necesitas leche, no alimentos sólidos! Cualquiera que viva de la leche, siendo todavía un bebé, no está familiarizado con la enseñanza acerca de la rectitud. Pero la comida sólida es para los maduros, que por uso constante se han entrenado para distinguir el bien del mal".

Referencias bíblicas que se correlacionan con conceptos de entrenamiento militar.

Romanos 12:4-5
Porque así como tenemos muchos miembros en un cuerpo y todos los miembros no tienen la misma función, así nosotros, que somos muchos, somos un cuerpo en Cristo, e individualmente miembros unos de otros.

Efesios 4:15-16
Pero hablando la verdad en el amor, debemos crecer en todos los aspectos en Aquel que es la cabeza, incluso Cristo, de quien todo el cuerpo, siendo

ajustado y mantenido unido por lo que cada articulación suministra, de acuerdo con el buen funcionamiento de cada parte individual, causa el crecimiento del cuerpo para la edificación de sí mismo en el amor.

7. 1 Corintios 12:12-31

Porque así como el cuerpo es uno y sin embargo tiene muchos miembros, y todos los miembros del cuerpo, aunque son muchos, son un solo cuerpo, así también lo es Cristo. Porque por un Espíritu todos fuimos bautizados en un solo cuerpo, ya sean judíos o griegos, ya sean esclavos o libres, y todos fuimos hechos para beber de un solo Espíritu. Porque el cuerpo no es un miembro, sino muchos.

He escrito un "Credo del Guerrero" cuyo propósito es proporcionarme a mí mismo y a los demás una motivación para abrazar y comprender de qué se trata un personaje de "Guerrero".

Soy un guerrero, se me concede autoridad a través de Dios Todopoderoso. Soy un líder dotado con la capacidad de influir en otros para que tomen la decisión correcta. El guerrero es la columna vertebral del grupo, dentro de su comunidad. Soy un guerrero y reconozco que tengo la responsabilidad de comprometerme a servir a los demás. El guerrero entiende el sacrificio y los deberes que se nos han encomendado a través de la guía de principios bíblicos sólidos. El guerrero acepta humildemente la autoridad ordenada, y como buen mayordomo mantendrá fielmente todos los recursos, posiciones y personas que se me han confiado. Soy ese guerrero que ha sido llamado a servir a un propósito superior, al poner las necesidades de los demás antes que las mías. El guerrero proporcionará verdadero liderazgo, comunicación y compasión. El Guerrero se esfuerza por permanecer espiritualmente alineado, mentalmente alerta, físicamente fuerte. He sido probado por el fuego, probado a través de la adversidad.

Como soldado no usaba armadura constantemente, ni me desplegaba todo el tiempo. Teníamos tiempos de paz, y a menudo teníamos "misiones" que implicaban entrenamiento o ayudar a otras unidades que solicitaban nuestra ayuda. Esto es especialmente cierto en una función de soporte como el grupo de motores, donde se reparaban los vehículos. Los soldados pasaron por mucho entrenamiento para aprender a luchar, incluidas las artes marciales, operar armas y otras tácticas de guerra. Si ese tiempo se hacía necesario, estábamos preparados para enfrentarnos al enemigo. Por favor, comprenda que la guerra espiritual también es real, por lo que creo que los desafíos que una persona puede enfrentar física, emocional, mental y espiritualmente pueden afectar la forma en que guía a los demás. Este material está diseñado para ayudarte a hacer eso.

2 DISCIPLINA DE LIDERAZGO

Una de las principales cosas que aprendí en las Fuerzas Armadas es la Disciplina. El discipulado es algo así como unirse a las fuerzas armadas. Nadie puede inscribirse y, sin embargo, conservar su autonomía. Cuando te alistas, tus propios intereses están subordinados a tus superiores. Comes cuando te dicen, te dan permiso cuando se te concede. Contribuyes a una causa mayor haciéndote prescindible a esa causa. Cuando un cristiano le dice" "sí, quiero" a Jesús, se alista en el ejército del Señor. No puedes reconciliarte con Dios sin ser reclutado para Dios. Tomar nuestra cruz diariamente es hablar de nuestra voluntad de dejar de lado toda ambición egoísta y egoísta. Significa que nuestro deseo y ambición no es satisfacernos a nosotros mismos, sino agradar al Salvador. Él, más que uno mismo, es el objeto de nuestro afecto supremo. Tomar nuestra cruz diariamente es hablar de nuestra voluntad de dejar de lado toda ambición egoísta y egoísta.

La disciplina no es solo de orientación militar, también se encuentra en las Escrituras en Hebreos 12:10-11. "Nos disciplinaron por un tiempo como mejor les pareció; pero Dios nos disciplina para nuestro bien, para que podamos compartir su santidad. Ninguna disciplina parece agradable en ese momento, pero dolorosa. Más tarde, sin embargo, produce una cosecha de justicia y paz para aquellos que han sido entrenados por ella". Hay muchas personas en la sociedad actual: civiles y militares por igual que se niegan a aprender de sus errores, por lo que o son despedidos o pierden la posición con la confianza que tenían. Presento un acrónimo de Warrior Values (L.E.A.D.E.R.S.H.I.P) que se puede utilizar para mantener y ejercer la ética o los valores correctos dentro de cualquier organización. A medida que lea estos términos, comenzará a comprender un concepto más profundo de las responsabilidades de liderar a otras personas. Cada porción de liderazgo contendráejemplos adicionales de "bocetos de personajes".

1. Lealtad

Tener lealtad significa que estás guardando la fe y la lealtad a Dios, a tu familia, compañeros de trabajo y amigos. Mantener tu fe y lealtad es una cuestión de creer y dedicarte a la voluntad de Dios. Un "Guerrero" leal es una persona que apoya todas las formas de liderazgo y defiende a los demás" Los militares los llamaron "Compañeros de Batalla". Todos tenemos la responsabilidad de hacer nuestra parte justa, lo que significa servir a los demás con sacrificio sin importar el costo. Así es como podemos mantener la lealtad a todos, incluyendo todo lo que hacemos.

2. Excelencia

No es ser perfecto, sino que es un viaje sobre un paisaje que se adapta constantemente a nuevos métodos y cambia a nuevas posibilidades. Piensa en ello como en un momento dado que produces el mejor resultado que puedes en el momento, que diste todo lo que tenías. Es una actitud de poner tu corazón, alma, mente, cuerpo y espíritu en lo que sea que estés haciendo. Somos humanos, cometeremos errores, está en nuestra naturaleza, no fuimos creados para ser robots. Es el deseo de ser mejores cada día. La Biblia dice en Colosenses 3:23: Hagas lo que hagas, trabaja de corazón, como para el Señor y no para los hombres.

3. Estado de alerta

Estar alerta significa que tu mente siempre está lista para estar en un estado de acción, que posees las habilidades de percepción y conciencia. Significa que estás prestando atención a lo que está sucediendo a tu alrededor. Demuestras una actitud de estar completamente despierto, lo que implica un cierto nivel de cortesía profesional. Todo se remonta a no ser egocéntrico, para que puedas funcionar de manera oportuna ante cualquier situación. La Biblia dice en 1 Pedro 1:13-Por lo tanto, preparando sus mentes para la acción, y siendo sobrios. En otras palabras, ¡compórtate de una manera disciplinada!

4. Deber

La verdad acerca de lo que significa el deber es que estás completando obedientemente todas tus obligaciones. La capacidad de completar cualquier tarea con su equipo, líderes y otras personas de las que es responsable. La voluntad de Dios es llevar a cabo su misión: servir a los demás entrenándose, equipándose, animándose unos a otros a través de la guía del Espíritu Santo y la palabra de Dios. Alcanzar a los perdidos con el mensaje del Evangelio cumple todos tus deberes teniendo una comunicación constante con Jesús, y leyendo su palabra porque él es quien nos da nuestras órdenes todos los días.

5. Entusiasmo

Siempre disfruté estar cerca de personas que salían todo el tiempo, y créanme que no siempre es fácil: cuando estás cansado, hambriento, con dolor, enfermo o simplemente aburrido. A decir verdad, nadie es siempre así, más bien es una decisión de tener la actitud correcta e influir en las personas para que sean intensamente felices. Es contagioso ver a otros bombeados, o simplemente francamente salvajes por algo. La Biblia habla del celo. Galatians 6:9 "Y no nos cansemos de hacer el bien, porque a su debido tiempo cosecharemos, si no nos rendimos". Te digo que tengas algo de pasión en lo que haces, ¡ahora ve a enloquecer !

5. Respeto

La definición de Respeto significa que tenemos una reverencia a Dios y a la Biblia. Segundo; practicamos la Regla de Oro, que dice: "Haz a los demás lo que quieras que te hagan a ti", que se encuentra en Mateo 7:12. Esto incluye que tratemos a los demás con dignidad, amor, paciencia y autocontrol. El respeto también muestra nuestro aprecio por nuestras autoridades y los trabajos que realizan. Es confiar en que todos los demás están haciendo su trabajo y cumpliendo con sus deberes. También significa tener carácter como la humildad,

6. Servicio desinteresado

La definición de servicio desinteresado es poner las necesidades de su familia, comunidad local, compañeros de trabajo y sus amigos antes que las suyas. El servicio desinteresado involucra a más de una persona. Servir desinteresadamente significa que cumples con tu deber lealmente sin pensar solo en tus prioridades. Lo básico de hacer un servicio desinteresado implica mucho compromiso de cualquiera para ir un poco más allá, para soportar un poco más y mirar más de cerca para ver cómo puede contribuir a los esfuerzos como equipo. Los guerreros toman la iniciativa en ausencia de órdenes: ¡y luego ejecutan lo que hay que hacer!

7. Honor

La definición de Honor significa que vives según estándares morales, influenciado por estándares bíblicos de obediencia, cortesía. Es un valor de carácter en el que reconocemos a las personas que tienen sabiduría, como nuestros padres, y a las autoridades que se han ganado ese nivel de importancia. Es como mostrar el respeto adecuado a una persona con mayor autoridad o rango, independientemente de sus sentimientos personales sobre ellos. Han trabajado duro para estar donde están, y muchas veces su experiencia dice mucho sobre las capacidades que poseen.

8. Integridad

La integridad significa que haces lo correcto: tanto legal como moralmente cuando nadie más te está observando, o puede ver lo que estás haciendo o diciendo. La integridad es una cualidad que se desarrolla al adherirse a los principios bíblicos y morales. La integridad requiere que no digas ni cometas ninguna acción que engañe o engañe a otros. La integridad es un ingrediente valioso en el que casi cualquier persona confía cuando se trata de confiar en usted. Las decisiones que tomemos con o sin Integridad afectarán nuestras relaciones con los demás. ¡Espero que continúes aprendiendocómo tener un impacto positivo en las personas!

9. Coraje personal

El coraje personal significa que estás dispuesto a enfrentar el miedo, el peligro y la adversidad. Eso puede ser un miedo físico, mental, emocional o espiritual, pero no es el diseño de Dios para nosotros. Si podemos soportar el estrés, las pruebas, las pruebas, la persecución y la tribulación, entonces estamos practicando el coraje. No se logra con nuestras propias fuerzas, sino con lo que recibimos de Dios, y hay muchas veces en que se espera que nos arriesguemos a salir de nuestra zona de confort para hacer lo que se nos pide. ¡El coraje es hacer lo correcto, incluso cuando esa decisión no es popular entre todos los demás!

Casi todos en un momento u otro han oído hablar de este conjunto de valores, sin embargo, la verdad sigue siendo que muchas personas en la sociedad actual no viven según tales estándares. Tengo la bendición de haber tenido una experiencia completa en muchos lados de la cerca. He servido en el ejército, he servido en el ministerio en un par de iglesias y en algunos trabajos, pero rara vez he visto a personas excepcionales a cualquier edad que demuestren tal ética. La proporción es de un asombroso 10-3 en la mayoría de los casos, personas que no están dispuestas a ir más allá a menos que signifique recibir algún tipo de premio, beneficio o reconocimiento.

3 DESARROLLO DE GRANDES LÍDERES

Cada persona tiene dentro de sí el potencial de lograr grandes cosas. Dice en 2 Pedro 1:10 "Por lo tanto, hermanos, sean aún más diligentes para asegurar su llamado y elección, porque si practican estas cualidades nunca caerán". También dice en Proverbios 21:5 Los planes de los diligentes ciertamente conducen a la abundancia, pero todo el que es apresurado llegará a la pobreza. Significa que no puedes ser perezoso, tienes que trabajar muy duro en lo que sea que hagas. Si haces las cosas a medias, no lograrás nada y lo más probable es que te encuentren poco confiable. En el ejército, estás entrenado para comunicarte de manera efectiva, construir y alentar a otros, tomar decisiones confiables e ingeniosas y demostrar que tomas la iniciativa. Puedes guiar a otros motivando, inspirando y alentando a otros a realizar tareas juntos como equipo. ¡Los líderes fuertes muestran la capacidad de adaptarse a diferentes situaciones, aprender cosas nuevas rápidamente y tienen la disciplina para obtener resultados!

El trabajo en equipo es necesario en cualquier organización, ya sea militar o civil, ya que fomenta la comunicación abierta. Reúne el conocimiento combinado de diversas personas para lograr la misión o el propósito de esa organización. Es triste que en esta generación otros luchen por ver y entender su verdadero valor más allá del dinero. Es una actitud egoísta, y la indiferencia crea veneno en el lugar de trabajo, a menudo causando daño a los demás. Hablar basura sobre los demás, no mantener la disciplina, competir con los demás, en lugar de ayudar a otros a alcanzar sus necesidades. He visto que el tema de la retención se convierte en una enfermedad tanto en la fuerza laboral militar, eclesiástica y civil. La solución es que los líderes piadosos con antecedentes como negocios, gobierno, educación, capaciten en colaboración a   la generaciónne xt de estudiantes adolescentes y universitarios. Un verdadero líder está equipado para entrenar a su equipo para que sea eficiente y competente. El Curso de Desarrollo de Liderazgo Guerrero es la nueva solución a esta necesidad.

La Biblia dice en 1 Corintios 1:10- Les pido, hermanos, por el nombre de nuestro Señor Jesucristo, que todos ustedes estén de acuerdo, y que no haya divisiones entre ustedes, sino que estén unidos en la misma mente y el mismo juicio. Aquí hay un ejemplo para pensar: La Iglesia / Cuerpo de Cristo es como un Walmart que funciona bien. Cuando entras en una tienda te das cuenta de que hay muchos departamentos. Cada departamento hace algo que en muchos casos otros no pueden. Si encuentra un ejemplo de una gran tienda, es probable que vea a los empleados capacitarse y aprendersobre las responsabilidades para ayudar a lograr la misión. Las personas que sirven desinteresadamente liderarán con el ejemplo, lo que a su vez crea seguidores dedicados, un equipo fuerte.

En el liderazgo hay 4 acciones en la asunción del liderazgo, 4 indicadores de efectividad del equipo y 4 valores que los miembros individuales del equipo deben tener.

1. Determina lo que se espera de tu equipo.
2. Determina lo que se espera de ti mismo.
3. Determina las fortalezas y debilidades de tus subordinados.
4. Determine quién más está dispuesto a contribuir con apoyo para cumplir la misión.

A continuación, veamos los valores individuales: **Franqueza, Competencia, Compromiso y Coraje.**

1.   Coraje: la capacidad de las personas para superar el miedo, el daño corporal o el miedo moral (hacer lo correcto) y simplemente hacer su trabajo. Examinemos las Escrituras y veamos lo que la Biblia tiene que decir; Deuteronomio 31:6 "Sed fuertes y valientes. No temáis ni temáis por ellos, porque es el Señor vuestro Dios quien va con vosotros. Él no te dejará ni te abandonará". Juan 16:33 nos dice: "Os he dicho estas cosas, para que en mí tengáis paz. En el mundo tendrás tribulación. Pero anímate; He vencido al mundo". Por último, Isaías 41:10 dice: "No temas, porque yo estoy contigo; no os consternéis, porque yo soy vuestro Dios; Te fortaleceré,

te ayudaré, te sostendré con mi justa mano derecha. En la formación básica tuvimos que negociar muy difícil, y obstáculos que nos enseñaron a superar retos, y aprender a confiar el uno en el otro como socios trabajando juntos (amigo).

2.   **Franqueza** : tanto los líderes como los miembros del equipo deben ejercer un ejercicio de fomento de una comunicación abierta y honesta sobre lo que está sucediendo dentro de la organización. Es tener una actitud de humildad, ser sincero en todo lo que dices. Sé que casi todo el mundo aprecia la verdad si se comparte de una manera positiva. La Biblia dice en 1 Pedro 6:10-12 Porque "El que desee amar la vida y ver días buenos, guarde su lengua del mal y sus labios de hablar engaño; que se aleje del mal y haga el bien; que busque la paz y la persiga. Porque los ojos del Señor están puestos en los justos, y sus oídos están abiertos a su oración. Pero el rostro del Señor está en contra de los que hacen el mal. Practique hablar con sinceridad entre sí, haciéndolo de una manera que fortalezca y beneficie a otros al mismo tiempo.

3.   **Competencia** - La capacidad de hacer algo bien, como hacer lo mejor que puedas. En el ejército, los líderes de alto rango evalúan su competencia en nuestro conocimiento del trabajo, nuestras habilidades y juicio al tomar decisiones. Más abajo se alistan cuando han cumplido con los requisitos, entonces vamos ante la "junta" como un panel de jurado en una sala del tribunal. Los líderes nos hacen preguntas, poniéndonos a prueba para descubrir lo que somos capaces de hacer. Si se encuentra a un soldado listo, entonces proceden a ser ascendidos al rango de Sargento. Santiago 1:22-24 nos dice: "Pero sed hacedores de la palabra, y no sólo oyentes, engañándoos a vosotros mismos. Porque si alguien es un oyente de la palabra y no un hacedor, es como un hombre que mira atentamente su rostro natural en un espejo. Luego se mira a sí mismo, se va y de inmediato olvida cómo era.

4.   **Compromiso**: este es un problema que yo y muchos otros hemos enfrentado en el ejército, y también en el sector civil. La generación más joven de hoy está llena de personas que en su mayoría están interesadas en hacer solo el nivel mínimo de responsabilidades. Los empleadores se frustran con la contratación y mantener a las personas con esta actitud. La Biblia dice en Filipenses 4:8-9 "Finalmente, hermanos, todo lo que es verdadero, todo lo que es honorable, todo lo que es justo, todo lo que es puro, todo lo que es hermoso, todo lo que es encomiable, si hay alguna excelencia, si hay algo digno de alabanza, piensen en estas cosas. Lo que has aprendido, recibido, oído y visto en mí, practica estas cosas, y el Dios de paz estará contigo. ¡En otras palabras, deberías estar produciendo cosas buenas en tu vida!

4 PRINCIPIOS DE LIDERAZGO

En el Ejército a menudo veía, y escuchaba a líderes con la actitud correcta, diciendo cosas como Es la mentalidad que dice: "Soy la persona que debe hacer que esto suceda". No era solouncomportamiento, en realidad tenían una creencia. Los militares llaman al liderazgo "Cadena de Mando", que es prácticamente la forma más efectiva de hacer las cosas. La palabra de Dios dice que en Romanos 13:1 Que cada persona esté sujeta a las autoridades gobernantes. Porque no hay autoridad sino de Dios, y las que existen han sido instituidas por Dios. Hebreos 13:7 nos dice: "Obedeced a vuestros líderes y sométete a ellos, porque ellos velan por vuestras almas, como los que tendrán que rendir cuentas. Deja que lo hagan con alegría y no con gemidos, porque eso no sería ninguna ventaja para ti". Tomar una posición de liderazgo, o tener autoridad no es solo un proceso simple, hay que ganárselo. Como miembro de tu equipo siempre hay alguien más observándote.

Tendrás seguidores; lo que significa que dar el ejemplo correcto es importante. Los líderes del Ejército solían decir: "Lidera, sigue o sal del camino". Discutamosel tema de los principios. Los principios son la base sobre la que te apoyas, una declaración de lo que crees. Los principios son la razón de todo lo que haces, tu base para razonar. En cualquier forma de liderazgo, tus acciones hablan más fuerte que tus palabras, y tu carácter es a lo que la gente prestará atención. Si muestra un comportamiento deficiente en los negocios, entonces los clientes no volverán. Tu equipo espera que des el ejemplo correcto; un ejemplo: soy padre y esposo: por lo tanto, mis acciones deben influir en mi familia para que haga lo correcto. Los errores son parte del ser humano, pero no deben repetirse a menudo, de lo contrario genera desconfianza y posible falta de respeto. La Biblia tiene mucho que decir acerca de tales cosas que están relacionadas con los principios.

Desarrollar a las personas para que se conviertan en líderes no es solo un evento, los miembros deben tener la mentalidad correcta, y el proceso requerirá cierta capacitación para lograr el objetivo de la transformación del liderazgo, lamentablemente muchos en la administración no logran identificar las capacidades de sus propios miembros del equipo. En este curso se le enseñará cómo comunicarse de manera efectiva con los demás y tomar decisiones acertadas en un entorno de entrenamiento adverso. En la Biblia dice qué tipo de cualidades deben tener los líderes. En Tito 1:7-9 Un supervisor (posición de gestión o responsabilidad), como mayordomo de Dios, debe ser irreprochable. No debe ser arrogante, ni de mal genio o borracho o violento o codicioso para obtener ganancias, [8] sino hospitalario, un amante del bien, autocontrolado, recto y disciplinado. [9] Debe mantenerse firme en la palabra digna de confianza tal como se enseña, para poder dar instrucción en sana doctrina y también para reprender a los que la contradicen. ¡Entrenamiento de liderazgo perfectamente sólido!

La Escritura nos dice en 1 Pedro 4:10-11 Como cada uno ha recibido un don, úselo para servirse unos a otros, como buenos administradores de la variada gracia de Dios: el que habla, como el que habla oráculos de Dios; quienquiera que sirva, como alguien que sirve por la fuerza que Dios provee, para que en todo Dios pueda ser glorificado por medio de Jesucristo. A él pertenecen la gloria y el dominio por los siglos de los siglos. Amén. Dios elige a las personas para que se conviertan en líderes, para realizar una tarea específica y para usar sus habilidades. Cada persona tiene un rasgo especial, o personalidad que es única. Jesús quiere que tengamos una actitud dispuesta a permitirle llevarnos al siguiente nivel. Él no espera que seamos perfectos, solo sé humilde. En el Ejército de los Estados Unidos a menudo fui testigo de muchos líderes que demostraron cómo era ser un sirviente y un líder al mismo tiempo. Llamamos a ese "líder de escuadrón" un sargento. Era responsable de evaluar las fortalezas, debilidades y necesidades de sus miembros.

Tres beneficios de la capacitación en desarrollo de liderazgo de estilo

militar.

1. Consistencia en la cultura

En mi carrera militar que abarcó casi ocho años, he visto algunos cambios en la técnica de liderazgo. El Ejército de los Estados Unidos ha invertido más de 200 años en investigación y estudio sobre el liderazgo para crear un entorno de resultados positivos en el campo de batalla. La fuerza de trabajo civil es diferente; debe ser flexible porque el clima de negocios siempre está cambiando. Para que tales organizaciones sobresalgan, es fundamental para la interacción personal entre los empleados. Varios estudios muestran que un curso de liderazgo basado en el estrés servirá como una herramienta efectiva para unir a los miembros del equipo. Puede mejorar excepcionalmente la colaboración, la cohesión y la confianza de cualquier organización. Desafiar a los participantes a salir de su zona de confort, fomentará la confianza y una mentalidad de crecimiento mientras construyen relaciones basadas en la confianza es primordial. ¡En esto lograremos propósito, pasión y perspectiva como guerreros para Cristo!

2. Desarrollar líderes a propósito

Nuestro objetivo es garantizar que cada "Guerrero" esté equipado para liderar en cualquier momento si es imperativo, una habilidad que nos esforzaremos por que ustedes, nuestros participantes guerreros adquieran. Muchos voluntarios llegarán a valorar ser parte de algo que es más grande que ellos mismos. Habrá obstáculos difíciles basados en la aptitud física que están diseñados para permitirles a ustedes, como participantes, sentir que han logrado algo de lo que estar orgullosos. Estos proyectos consistirán en una intensa rivalidad, ejercicios completos que te llevarán al límite. Queremos ver a sus mentes jóvenes descubrir que pueden lograr mucho más de lo que pensaban que eran capaces de hacer. Mateo 20:26-28 "No es así contigo. En cambio, quien quiera llegar a ser grande entre ustedes debe ser su siervo, y quien quiera ser el primero debe ser su esclavo así como el Hijo del Hombre no vino a ser servido, sino a servir, y a dar su vida como rescate por muchos".

3. Comunicación valiente

A un participante se le enseñará a observar y comprender lo que la gente le está diciendo y responder con empatía. Los hombres y las mujeres están dotados de habilidades que el otro no tiene: Dios nos habla a través de muchas vías. Debemos ser capaces de dejar de lado las distracciones por un tiempo con el fin de centrarnos primero en lo que Dios está diciendo, y responder a la guía colocada sobre nosotros. Comunicar requiere paciencia y sacrificio: es una actitud de permitir que los demás sean más importantes que nosotros. Significa establecer nuestras propias prioridades, pensamientos y preocupaciones para comprender completamente el mensaje. La humildad es una de las principales cualidades de carácter que Jesús modeló para nosotros, el líder más grande. Espero que en las próximas semanas crezcas en sabiduría. Tenga cuidado con lo que dice: el sarcasmo, la crítica y la burla pueden lastimar a otros. Engendra resentimiento y resistencia, y daña el espíritu de una persona. La alabanza, la afirmación y el aliento son siempre el tipo correcto de motivadores.

5 ABRAZA LA

La definición de abrazar la succión significa aceptar o apreciar conscientemente algo que es extremadamente desagradable pero inevitable. En el Ejército de los Estados Unidos a veces las cosas pueden ponerse muy mal rápidamente, o una situación puede ser desordenada. Hacer algo duro apesta, no es fácil, y a menudo estás confundido acerca de cómo hacerlo porque no lo has hecho mucho antes. ¿Y qué? Las cosas duras apesta, pero la vida no siempre son melocotones con rosas encima (y una pizca de canela). A veces apesta, y eso está perfectamente bien, porque Dios quiere que abracemos toda la vida, espinas y hoyos y todo. A decir verdad, se supone que debemos sonreír, abrazar la succión y ponernos en movimiento con lo que necesitamos hacer de todos modos. Es necesario para lograr un cambio digno en tu vida. ¿Te hasenfrentado a un desafío en tu vida, o algo difícil mirándote fijamente, justo en tu cara? No puedessoltarlo hasta que hayas trabajado duro y luchado para conquistarlo.

Te digo que no tiene sentido siquiera tratar de ignorarlo, o negar que es real. Vivimos en una sociedad que permite distraerse con la tecnología, el entretenimiento, etc. ¡Escuchar! no puedes engañarte a ti mismo, tratando de evitar la confrontación. No puedes simplemente sentarte allí procrastinando y desconectándote de lo que no te gusta, como tratar de enterrar tu cabeza en la arena. Cuando lo hagas, solo va a persistir, extendiendo su presencia en tu vida por más tiempo, lo que hace que sea aún más astuto. Estamos llamados a tener coraje y a ser valientes ante la adversidad. Jesús dijo que si tenemos fe del tamaño de una semilla de mostaza, podemos quitar esas montañas frente a nosotros. Para convertirte en un "Guerrero" bien entrenado, debes permitirte pasar por los tiempos difíciles, las pruebas y las tribulaciones. Se necesita una transformación radical, no solo que sea una actitud correcta, que es útil para el tipo de mejora que podría estar necesitando en su vida.

El libro de Hebreos, específicamente el capítulo 12 habla de la disciplina por la que Dios nos somete. Los versículos 12 y 13 hablan muy fuertemente acerca de "abrazar la succión", dijo: "Así que toma un nuevo agarre con tus manos cansadas y fortalece tus rodillas débiles. Marca un camino recto para tus pies para que aquellos que son débiles y cojos no caigan sino que se vuelvan fuertes" En otras palabras "Hey Warrior deja de quejarte de eso, pero disciplina tu cuerpo, mente y espíritu" Hay otros que necesitan que seas fuerte para que puedas ayudarlos a levantarse, ser sanado-restaurado y ¡CAMINA FUERTE! Otro versículo dice en Santiago 1:2-4 "Si te llegan problemas de cualquier tipo, considéralo una oportunidad para un gran gozo. ³ Porque sabes que cuando tu fe es probada, tu resistencia tiene la oportunidad de crecer. ⁴ Así que déjalo crecer, porque cuando tu resistencia esté completamente desarrollada, serás perfecto y completo, sin necesidad de nada"

Considere a Jesús en su ministerio terrenal, sufrió tiempos difíciles muy a menudo a lo largo de su viaje. No solo "abrazó su succión", soportó el dolor por todos nosotros, se mantuvo firme sin importar cuán pesadas se pusieran las cosas. Jesús se negó a darse por vencido, o se atrevió a renunciar. Si alguna vez ha intentado llevar una mochila de 50 libras + durante varias millas, entonces sabe exactamente de lo que estoy hablando. Llevaste esta pesada "mochila" más allá del punto de agotamiento, ya sea en el calor abrasador o en temperaturas de congelación que enfrian los huesos. Es una actitud interna sostener la tuya, incluso cuando cada fibra de tu ser te está gritando diciéndote ¡RENUNCIA! Recuerde que Jesús enfrentó esta cosa llamada SUCK, incluyendo hostilidad extrema y castigo cruel y humillante en la cruz. Jesús fue golpeado hasta la muerte sin sentido, desnudo, colgado por crímenes que no cometió. Fue tratado mucho peor que cualquier cosa que cualquiera de nosotros pudiera imaginar.

Por lo tanto, para convertirnos en los líderes fuertes que Jesús nos llamó a ti y a mí a ser, tenemos que enfocar nuestros ojos en Jesucristo. Él dio el ejemplo a seguir para que lo siguiéramos y modelara a los demás. Los grandes líderes serán los primeros en pavimentar el sendero para caminar, despejando el camino desordenado para que otros puedan caminar. Cuando vemos y nos damos cuenta de lo que Jesús hizo, nos da la motivación para ser líderes diferentes, cambiando la vida de los demás. El liderazgo que Jesús nos demostró, su ejemplo hace posible soportar la peor de las circunstancias. Lo que tenemos que hacer es resolver como seguidores de Cristo, como líderes que "pondremos la misión primero" hasta que el trabajo esté completamente terminado. Esto implica entrenar tu cuerpo y mente. ¡El apóstol Pablo habló específicamente en 1º Corintios 9 acerca de vivir un patrón de ABNEGACIÓN Y ENTRENAMIENTO! ¡Él dijo en el versículo 12 que debemos soportar todas las cosas para no obstaculizar el evangelio! ¡Piensa en ti mismo corriendo una carrera de obstáculos con fuego real!

El apóstol Pablo nos estaba diciendo que esta "carrera que estamos corriendo" realmente proviene de una palabra griega que se asemeja a un significado de agonía. Sé que no suena divertido para ti, ¿verdad, eso suena a dolor! ¿A quién de ustedes realmente le gusta quedarse atascado con una aguja de laboratorio que extrae sangre? ¿Te imaginasuna espiga de madera de acero de 6-9 pulgadas de largo que se conduce directamente a través de tu muñeca? Jesús aguantó, abrazó esa extrema "" Si entrenas para correr una maratón, entonces no vas a ir allí con ropa llena de basura, y una pesada mochila, ¿verdad? No tendría sentido tener todo ese peso que distrae balanceándose alrededor de tu cuerpo mientras apuntas al objetivo de llegar a tu destino, ¿verdad? Sin embargo, como humanos, lo hacemos todo el tiempo como distraernos con estúpidos desperdiciadores de tiempo. Obstaculizar significa llevar volumen, usando cosas que no son importantes para la misión. También debemos tener cuidado con las tentaciones que pueden enredarse y atraparnos como "suciedad". En el ejército había tal cosa como tener conciencia situacional, ¡básicamente prestar atención!

Si vamos a abrazar la y disciplinarnos, corriendo la carrera, entonces debemos ser muy cautelosos. Esto también significa tener discernimiento: no estoy hablando solo de sabiduría, me refiero a estar tan cerca en armonía con el Espíritu Santo que puedes escuchar su voz cristalina de tal manera que puedas distinguir entre la luz de la oscuridad. Podría significar estar tan cerca de caer en una trampa, o tomar una decisión muy mala y costosa que podría hacer que otros enfrenten graves consecuencias como resultado de sus malas decisiones. Recuerdo que cuando estaba estacionado en el Ejército en Alemania, siendo desplegado en Irak, una vez perdí tontamente mi par de gafas de visión nocturna que necesitaba tan desesperadamente "VER AL ENEMIGO VENIR BIEN PARA MÍ" Me metí en problemas tan profundos con mi supervisor de 1ª línea y mi líder deelección . Fue tan malo que finalmente fue reportado a mi 1ª SGT. ¡Me di cuenta de que mis acciones podrían haber causado a otros un grave peligro!

Si tienes algo en tu vida que te está causando una distracción seria, o tal vez un hábito muy malo que podría afectar el bienestar emocional, espiritual, físico o mental de los demás, entonces tal vez sea hora de que reevalúes tus prioridades. Tu lenguaje corporal definitivamente transmite y comunica qué tipo de carácter posees. Tenga cuidado de que su comportamiento difunda el mensaje correcto, por ejemplo, podría decir algo como "Hombre, esto realmente apesta", pero al mismo tiempo, aunque sea doloroso, puede elegir reír y sonreír en medio de su prueba. Al hacerlo, otros verán que, aunque la verdad de la situación realmente apesta, puedes elegir mostrar una actitud de agradecimiento, alegría y paz. Las grandes actitudes provienen de líderes fuertes sin importar el sector militar o civil. Recientemente me sometieron a una prueba de este tipo porque tuve que soportar una situación muy incómoda mientras nuestra familia ayudaba a otra familia.

6 LIDERAZGO DE SERVICIO

Dice en Mateo 20:26-28 No es así contigo. En cambio, quien quiera llegar a ser grande entre ustedes debe ser su siervo, y quien quiera ser el primero debe ser su esclavo así como el Hijo del Hombre no vino a ser servido, sino a servir, y a dar su vida como rescate por muchos. El liderazgo de servicio es un término que se puede encontrar en cualquier círculo, no solo en el ejército. Puedes encontrar este zumbido en el mundo corporativo, incluso en la iglesia. Esalgo de lo que no se habla mucho, y no se practica mucho. Ahora voy a relatar un evento que ocurrió en la vida de uno de mis buenos amigos. Su nombre es Bill Miles, ahora es un 1er Sargento Retirado del Ejército de los Estados Unidos, altamente condecorado con numerosos premios. Bill Miles ha tenido múltiples giras de combate en su haber, pasando tiempo haciendo operaciones especiales tanto en la Guerra del Golfo como en la Operación Libertad Iraquí. Se portó como un comando al estilo Chuck Norris, definitivamente no alguien a quien le gustaría conocer en un callejón oscuro.

Bill Miles sirvió como el 1er SGT del Batallón de Reconocimiento de Ataque Echo 2-159 de la Compañía Echo como parte de la base en Alemania. Lo recuerdo como el tipo de líder que está haciendo lo que es mejor para las demás personas, poniendo sus propias necesidades en segundo lugar. Un líder de servicio se da cuenta de que es responsable ante otra persona no solo para cuidar, sino también para maximizar el potencial de los recursos en su ámbito. Eso significa un papel más activo no solo en el progreso hacia una misión, sino en particular cuando se trata de desarrollar a las personas para que prosperen como individuos en la búsqueda de un objetivo de equipo. En Mateo 25:14-30 un maestro da "talentos" a sus siervos y luego regresa para verificar su progreso. Dos de ellos tomaron lo que se les dio y lo multiplicaron, ganándose la alabanza del amo: "Bien hecho tu siervo bueno y fiel". el maestro les dio algo de gran valor y los hizo responsables de lo que hicieron con él.

Como líder, se le ha confiado algo de GRAN valor con un tremendo potencial: ¡su gente! No es casualidad que estés donde estás, con esta misión se te pide que cumplas con este equipo del que has estado rodeado. En Gálatas 6:2 y 5 dice llevad las cargas de los demás, y así cumplir la ley de Cristo. Porque cada uno debe soportar su propia carga. Eso significa que como líder debes ayudar a otros con sus cargas mientras llevas tu propia carga. Los equipos a menudo fracasan porque las personas se quedan atrás, y en el ejemplo militar tenemos un dicho: tal vez algunos de ustedes lo hayan escuchado. "No dejes a ningún hombre atrás" Estoy bastante seguro de que los Rangers del Ejército acuñaron ese término. Era simplemente inaceptable simplemente estar ausente sin tener en cuenta a su personal, se esperaba que se comunicara. No seas un individuo, toma en consideración cuidadosamente el impacto que tu ausencia de tu equipo podría tener en la misión.

Pregúnteles sobre los proyectos en los que están trabajando, proporcione comentarios positivos de elogio. Invierta en ellos averiguando cuáles son sus metas, aspiraciones, fortalezas y limitaciones. ¡Entiende lo que los hace "funcionar"! Para hacer esto, a veces tienes que empujar a tu equipo a mejorar lejos de su zona de confort, con el fin de lograr un mayor nivel de rendimiento. Desarrollar a tu equipo significa meterte en la tierra con ellos, hacer entrenamientos. Todo el mundo ha oído hablar del amor duro. El amor duro es decir cosas y hacer cosas que con mayor frecuencia resultan en que otros no se sientan cómodos en tu decisión. En el ejército hay tres estilos básicos de liderazgo: Dirigir, Participar y Delegar. Supervisar con una mano demasiado pesada conduce al resentimiento, baja su motivación / moral y sofoca la iniciativa. Si no supervisas bien a los demás, puede causar falta de comunicación, falta de coordinación, incluida la desorganización, o la percepción de que no te preocupas por las necesidades de los demás.

En el liderazgo, la persona con responsabilidad debe entender que cada miembro del equipo, independientemente de su título o deberes, es vital para la misión, y debe ser tratado con valor. En el ejército se llama moral, es el estado mental de sus equipos. Los líderes militares influyen en otros para que cumplan la misión al proporcionar motivación, dirección y propósito. Recuerdo el entrenamiento específico de ser un líder: el primero era cumplir la misión, y el segundo era el "bienestar" de su equipo. Bienestar significa entender cómo les va. Significa saber todo sobre ellos: se llama fortalezas de 4 dimensiones. Todo líder debe conocer bien las capacidades físicas, emocionales, mentales y espirituales de los miembros de su equipo. Es parte de su bienestar, ¿de qué otra manera puedes generar confianza y lealtad? Simplemente comience por involucrar a otros en una conversación simple.

Tienes el poder de influir en los demás por lo que dices y haces. ¡Un buen líder se toma el tiempo para crear el ambiente positivo adecuado! Para tener un equipo efectivo, debes ser capaz de confiar el uno en el otro para poder desempeñarte y lograr las tareas que tienes por delante. Recuerdo que en el entrenamiento básico los obstáculos fueron diseñados para hacer que trabajen juntos. Fue extremadamente desafiante, y a menudo difícil, pero definitivamente no imposible. Una vez que tienes la capacidad de superar esos desafíos, entonces has demostrado crecer mientras logras grandes cosas. Los militares consideran que la formación efectiva de equipos es esencial para la misión general, y aquellas personas que toman las decisiones equivocadas son evaluadas como incompetentes, incapaces o no dispuestas a trabajar con otros. Esto generalmente resulta en un entrenamiento correctivo primero, luego en un castigo, y luego, si el comportamiento negativo continúa, generalmente resulta en una mala descarga. Esto sería como ser despedido.

Continuemos examinando en las Escrituras lo que se dice acerca de guiar a los demás. 1 Pedro 5:1-4 habla a la persona que es "mayor", lo que significa que él o ella tiene experiencia en atender asuntos importantes cuando se trata de cuidar las necesidades de los demás. En nuestra sociedad moderna, eso generalmente significa alguien que no se define necesariamente por la edad, sino por la cantidad de experiencia que posee. En otras palabras, una posición más baja de la gerencia, como un supervisor. Tienen menos deberes, pero siguen siendo responsables de ver que las personas dentro del equipo están haciendo lo que se supone que deben hacer. Ellos "ven en exceso" ciertos aspectos de la organización, como los deberes administrativos o incluso financieros. En el Ejército de los Estados Unidos, por ejemplo, un supervisor era un cabo o un sargento. Era una gerencia de bajo nivel, a menudo referida como un trabajo de tipo niñera, y era la posición de nivel de entrada de liderazgo no siempre aceptada con entusiasmo, pero aún importante.

Eclesiastés 4:9-12 dice que Dos son mejores que uno, porque tienen una buena recompensa por su trabajo. Porque si caen, uno levantará a su prójimo. ¡Pero ay de aquel que está solo cuando cae y no tiene otro que lo levante! Una vez más, si dos yacen juntos, se mantienen calientes, pero ¿cómo puede uno mantenerse caliente solo? Aunque un hombre puede prevalecer contra uno que está solo, dos lo resistirán: un cordón triple no se rompe rápidamente. 1 Corintios 12:21 dice: "El ojo no puede decir a la mano: "¡No te necesito!" Y la cabeza no puede decir a los pies: "¡No te necesito!" ¿Adivina qué? esa es una prueba bíblica de lo que llamamos el sistema battle buddy que los militares llaman, que es lo que los militares usan para lograr el trabajo en equipo. Proverbios 27:17 dice que el hierro afila el hierro, como un hombre afila a otro. Eso significa que estamos diseñados para ayudarnos unos a otros y construirnos unos a otros. 1 Pedro 4:10 nos dice que como cada uno ha recibido su don, úsenlo para servirse unos a otros, como buenos mayordomos.

7 AUTORIDAD EN LIDERAZGO

Cada líder, ya sea un soldado o simplemente un empleado, ha recibido el "manual de instrucciones" y capacitación sobre lo que se espera de ellos. Ser un líder no es tan fácil como simplemente adoptar principios, muchos están motivados por su propia voluntad pecaminosa. Los líderes como Cristo deben crucificar diariamente su carne, sacrificando sus deseos para que su equipo pueda recibir lo que se necesita. El objetivo final de Leader debe ser glorificar a Jesús a través de las personas a las que sirven usando los conjuntos de habilidades que tienes. El liderazgo piadoso requiere la actitud dispuesta a tomar riesgos y pagar una multa por no actuar como el mundo. Por desgracia, algunos líderes, incluso aquellos que se llaman a sí mismos cristianos, lideran en una actitud de beneficio personal o autopreservación. Un verdadero líder transformado demuestra responsablemente una conexión consistente con el "Comandante del Universo" Jesucristo y su palabra. Cuando estás creciendo en una fuerte relación personal con Jesús, entonces tu nivel de efectividad aumenta.

La autoridad no es algo que se considere una idea popular en la cultura actual, dondequiera que mires, los medios de comunicación están alentando a las personas a rebelarse contra cualquier autoridad, generando controversia. Es una cuestión de sentido común, Dios creó la autoridad como una forma de dirección. No podemos esperar operar en nuestra propia voluntad y guiar a otros. Como seguidores de Cristo, es nuestra responsabilidad diaria declarar la verdad de la palabra de Dios sobre nuestras vidas. La autoridad es parte de su propósito para nuestro propio beneficio, para mantener todo en orden y para asegurar que el mal no pueda triunfar sobre nosotros. En consecuencia, por su designio, Dios ha puesto a otros en autoridad sobre nosotros. Una parte de ese propósito implica que leamos la palabra para fortalecernos, de modo que tengamos la capacidad de vencer nuestras debilidades. En el ejército hay consecuencias por no seguir las instrucciones. A menudo, la corrección viene en forma de castigo no judicial, como declaraciones de asesoramiento, rango / dinero tomado y "deber adicional".

Romanos 13:1-5 "Que todos estén sujetos a las autoridades gobernantes, porque no hay autoridad sino la que Dios ha establecido. Las autoridades que existen han sido establecidas por Dios. [2] En consecuencia, quien se rebela contra la autoridad se rebela contra lo que Dios ha instituido, y aquellos que lo hacen traerán juicio sobre sí mismos. [3] Porque los gobernantes no tienen terror por los que hacen lo correcto, sino por los que hacen el mal. ¿Quieres estar libre del miedo al que tiene autoridad? Luego haz lo que es correcto y serás elogiado. [4] Porque el que tiene autoridad es siervo de Dios para tu bien. Pero si lo haces mal, ten miedo, porque los gobernantes no llevan la espada sin ninguna razón. Son siervos de Dios, agentes de ira para castigar al malhechor. [5] Por lo tanto, es necesario someterse a las autoridades, no sólo por el posible castigo, sino también como una cuestión de conciencia."

La revolución inconformista de los años sesenta, con todos los escándalos en nuestro gobierno influyó significativamente en una actitud y estilo de rebelión hacia las leyes en los Estados Unidos. Los valores cristianos comenzaron a recibir muchos golpes de abrazo en nuestra sociedad, y eso era algo extremadamente peligroso. Es imperativo y crítico que los líderes entiendan cómo relacionar adecuadamente la autoridad con Dios, siguiendo sus principios bíblicos. Dios le dio un valor muy alto a la autoridad, por ejemplo, sus instrucciones para que Moisés introdujera los Diez mandamientos a Israel. Dios creó la autoridad porque su pueblo se había mantenido alejado de su diseño original. Él tiene que usar la autoridad para traernos de vuelta y para mantener el orden en el mundo. Jesús dijo en su palabra que quien se resiste a las ordenanzas de él traerá juicio a sí mismo. Si bien desobedecer la autoridad trae dificultades, obedecer las instrucciones resultará en recompensa.

Estas recompensas no serán solo una dificultad ausente. Romanos 13:5 dice que también se trata de tu conciencia, lo que significa que entra en un significado más profundo de que te sentirás culpable, lo que causará una falta de verdadera paz en tu mente. En nuestra cultura actual, desafortunadamente muchas personas tienen poca consideración por la autoridad, sin embargo, darían una fortuna para tener tranquilidad. Eso es algo extraño, el mundo no sabe que servir y amar a un Dios vivo es el único camino para la verdadera paz. Se necesita autodisciplina y carácter para controlar tus pensamientos y emociones para adherirte a la autoridad de Cristo. Para crecer como un líder fuerte debes demostrar madurez en tus acciones, los adultos no actúan como niños y los que lo hacen nos resulta repugnante. Requerimos que el Espíritu Santo nos ayude con el autocontrol, porque dejados a nosotros mismos fallamos sin su ayuda.

Durante mi tiempo de servicio en el Ejército de los Estados Unidos, puedo reflejar mis propias experiencias en las que tomé la decisión de seguir a la autoridad o no. En el ejército que llamamos este deber, significa que tienes los requisitos legales y morales que cumples por ley, reglamento o instrucción. Deber significa esencialmente asumir las responsabilidades del liderazgo. Para cumplir con las tareas con el equipo que se le da, o lidera con el ejemplo, o no lo hace. Uno de mis amigos Bill Miles siempre me dijo que hay 2 tipos básicos de personas: las que eligen ser parte de la solución, o parte del problema. Compartí la responsabilidad de entrenar, cuidar, aconsejar, corregir, alentar y disciplinar a los demás como mi autoridad lo considerara oportuno. Si no completaba los deberes, ya sea: especificado, dirigido o implícito, entonces estaba cometiendo negligencia, lo que significa que fallé o me negué por negligencia, teniendo incapacidad o simplemente abandonándola.

He luchado por mantener la paz a menudo en mi vida, y es porque he sido el tipo de persona que siempre ha luchado. No me di cuenta hasta que tenía poco más de treinta años de que estaba luchando el tipo equivocado de batallas en mi vida. No me gustaba escuchar a la gente, siempre era la que quería que todos los demás me escucharan. Estaba lleno de orgullo y arrogancia. Incluso cuando me colocaron en una posición de liderazgo, "imaginé" las mejores ideas. No fui lo suficientemente paciente como para escuchar lo que otros líderes sobre mí estaban tratando de comunicarme. Querían impartirme sabiduría y ayudarme a evitar las trampas en las que habían entrado. Escuchaba parcialmente porque no estaba prestando atención, luego seguía o escuchaba, luego seguía parcialmente las instrucciones porque pensaba que tenía el mejor plan. Le tomó a Cristo descomponiéndome a mi punto más bajo, permitiéndome ser humillado para finalmente darme cuenta y entender que su camino / pensamientos es mejor que el mío.

Si tomaba malas decisiones, no cumplía con mi deber o me rebelaba contra la autoridad, entonces había consecuencias potencialmente graves que enfrentar. Podría perder mi rango, perder mi tiempo libre, tener restricciones impuestas sobre mí, o estar en peligro de ser dado de baja deshonrosamente. La causa fundamental de esto fue que no había reconocido su autoridad en todas las cosas, lo que me causó algunos conflictos tanto en el trabajo como en las relaciones personales, y conflictos internos dentro de mi espíritu. Fue solo que cuando comencé a conectarme con la autoridad en Cristo para hacer su voluntad y propósito en mi vida, las cosas comenzaron a mejorar. No te confundas sobre el perdón y nuestra necesidad de obedecer, de vez en cuando todavía me doy cuenta de la necesidad de someterme de diferentes maneras a la autoridad de Cristo . Puedo decirte que las cosas funcionan mucho mejor cuando sigues el plan de Dios para tu vida. También sé que confesar mis pecados y pedir perdón por mis errores a Jesús me da paz.

8 PELIGRO DE LAS DISTRACCIONES

Me han dicho toda mi vida que tengo TDAH, y durante muchos años creí que era una verdadera discapacidad. Me gusta que muchas otras personas crean que estaba roto, y que se necesitó que se me diera un despertar espiritual masivo. Pronto me di cuenta de que a pesar de que mientras luchaba físicamente por recordar, concentrarme, que realmente estos "síntomas" provenían de una condición espiritual. ¡Profundizaré en esto y te ayudaré a entender eso como líder que puedes superar! Las batallas que algunos de nosotros experimentamos a diario se deben a que estamos escuchando y mirando el caos que nos rodea en lugar de mantener nuestro enfoque en las cosas correctas. Lo más importante sería el de tomar nuestros ojos de Jesucristo. Tenemos la intención de mantenernos en el buen camino, tenemos la intención de ser obedientes, entonces algo brillante en el rabillo del ojo nos aleja. Nuestra mente y emociones se inundan de cosas negativas, lo que nos hace correr locos como un pollo con la cabeza cortada.

Esas distracciones me han hecho cometer muchos errores tanto en mi vida personal como profesional. También me ha hecho prestar atención a lo que todos los demás en el mundo están haciendo. Temporalmente elegí permitir que la envidia y los celos nublaran mi juicio debido a la bendición de los demás. Actué de manera ingrata, sobre el auto que conducía, o el trabajo que tenía porque percibía que otra persona era más feliz que yo. La versión militar de una distracción dice que "Un ataque de parte de la fuerza en uno o dos flancos, llegando a un fuerte ataque frontal por parte del resto de la fuerza" Te va a causar un ataque que no viste venir. Es un golpe que no esperabas porque tus ojos están cerrados o no puedes ver lo que se te viene encima. A menudo hay algunas consecuencias de tener una interrupción o interrupción. Abandonamos y olvidamos nuestras responsabilidades, y nos enfocamos en lo que se siente bien o suena bien en este momento.

Las cosas se fracturan, están fuera de lugar, a menudo porque estamos involucrados en actividades de menor valor, como el entretenimiento. Para mí, una de las cosas más difíciles de mantener alejadas en el sentido físico es una sobrecarga de ver películas, videos de you-tube no relacionados con el negocio o tareas que están en la parte inferior del barril de prioridad. No estoy bromeando como una persona visual (pista Soy un diseñador gráfico) cada pequeño detalle de todo lo que me rodea salta hacia mí. Mencioné todo el asunto del TDAH anteriormente, voy a dejarte entrar en un secreto: "Atención al detalle altamente disciplinado" es mi nuevo acrónimo. Significa que en primer lugar MANTENGO MIS OJOS EN ישוע. Su hebreo para YESHUA, que significa Jesús en inglés. Si no estamos tomando precaución, entonces las distracciones pueden indicarnos también que tenemos actitudes equivocadas hacia los demás, especialmente en el liderazgo. Los ejemplos son irritarse y gruñir a compañeros de trabajo, amigos y familiares.

La definición espiritual de distracción en las Escrituras dice en Proverbios 4:25-27 nos dice: "Que tus ojos miren directamente hacia adelante, y tu mirada esté recta delante de ti. Medita en el camino de tus pies; entonces todos tus caminos estarán seguros. No se desvíe hacia la derecha o hacia la izquierda; aleja tu pie del mal". Otra referencia dice en Lucas 21:34 "Pero cuídense a sí mismos para que sus corazones no se vean agobiados por la disipación, la embriaguez y las preocupaciones de esta vida, y ese día venga sobre ustedes de repente como una trampa. La Biblia dice que no te preocupes ni te preocupes por las preocupaciones del mundo. La aplicación práctica sería no copiar la vestimenta, o actuar como "celebridades". Los estímulos visuales y audibles están a nuestro alrededor, sabemos que los medios de comunicación empujan las cosas materialespara engañarnos y convencernos de que las necesitamos. Romanos 12:2 "No os conforméis a los modelos de este mundo, sino transformaos por la renovación de nuestras mentes para que podamos probar cuál es la buena, aceptable-perfecta voluntad de Dios.

La pregunta que realmente tenemos que hacernos es esta: ¿la naturaleza del contenido en el que estoy alimentando mi cuerpo / alma / mente / espíritu a través de las puertas de mis ojos y oídos agrada a Jesucristo? Si realmente somos líderes que pertenecen a Cristo, entonces debemos CRUCIFICAR nuestra carne y sus deseos mundanos. ¿Significa eso que no debemos disfrutar de las películas, Internet, los juegos o nuestros "juguetes" NO! Solo disciplinarnos, estar dispuestos a hacer sacrificios. Aquí miren lo que dice Hebreos 12:1 y 2: Por lo tanto, ya que estamos rodeados por una nube tan grande de testigos, dejemos también a un lado todo peso, y el pecado que se aferra tan estrechamente, y corramos con resistencia la carrera que se nos presenta, [2] mirando a Jesús, el fundador y perfeccionador de nuestra fe, quien por el gozo que se puso delante de él soportó la cruz, despreciando la vergüenza, y está sentado a la diestra del trono de Dios. Debemos elegir eliminar las distracciones que nos impiden seguirlo.

Sé que incluso cuando se trata de tomar varias decisiones de entretenimiento, nosotros, como líderes cristianos, debemos tener cuidado de no caer en la trampa de "conformarnos" (adoptar la cultura popular) que vemos en nuestras vidas. Una de mis debilidades ha sido escuchar música que no glorifica a Dios, este puede ser un tema delicado para algunos de ustedes, pero he crecido con la música country toda mi vida. Mi "pata de pata" era un soldado del Ejército como yo, que es una de las razones por las que decidí o fui "elegido" para ser un GUERRERO. Tenía un don increíble de tocar cinco instrumentos de oído. No usó su don para Cristo hasta que le diagnosticaron cáncer, ya que le quedaban dos años de vida. Hay muchas personas en la industria de la música country que han comprometido su fe. Hablan de agradecer a Jesucristo, hablan de sus buenas obras y de cómo han ayudado a las personas, agradecidos por la "oportunidad de hacer eso".

La Biblia dice algo completamente diferente: habla de cómo en los últimos días insinúan (AHORA MISMO) cuán egocéntricas serán las personas, queriendo llamar la atención, están buscando ser "adoradas y alabadas" Muestra el premio ¿verdad? Mira aquí lo que nos dice 2 Timoteo 3: 1-5. Pero marque esto: Habrá tiempos terribles en los últimos días. [2] Las personas serán amantes de sí mismas, amantes del dinero, jactanciosas, orgullosas, abusivas, desobedientes a sus padres, ingratas, impías, sin amor, implacables, calumniosas, sin autocontrol, brutales, no amantes de lo bueno. [4] traicioneros, temerarios, engreídos, amantes del placer en lugar de amantes de Dios— [5] que tienen una forma de piedad pero niegan su poder. No tienen nada que ver con esas personas. NO TIENEN NADA QUE VER CON ESAS PERSONAS. Un líder cristiano no tiene por qué amar al mundo, o amar las "cosas" de este mundo. Significa que no pongas tus afectos en el mundo, no hagas ídolos.

Las distracciones no son solo lo que una persona ve, también es lo que una persona escucha y piensa. En el Ejército tienen un laboratorio de investigación. Una de las cosas en las que los militares están trabajando es en el desarrollo de tecnología donde el soldado no tendrá sobrecarga sensorial, recibiendo demasiada información. Estudian las ondas cerebrales en situaciones estresantes como el combate, mientras permiten que la inteligencia artificial controle todos los datos importantes mientras los soldados se centran en manejar el pensamiento de manera crítica y creativa para lograr la misión. Un general de división comenzó a usar una práctica diaria durante las operaciones de lo que el Ejército llamó "Mindfullness" Tenía una tarea extremadamente difícil de tomar decisiones que implicaban delicadeza en el trato con los líderes tribales, mientras perseguía al enemigo utilizando armas modernas y tecnología en el campo de batalla. Implicaba técnicas de respiración y meditación para ganar concentración y reducir las distracciones. ¡Estas técnicas todavía se utilizan hoy en día!

La solución que les ofrezco a ustedes, hombres y mujeres jóvenes, es esta: acepten el hecho de que están caminando y viviendo en un campo de batalla abierto. Debes separarte de todo el "ruido" que sucede en tu vida, y estar a solas con Jesucristo y su palabra. Memoriza, medita en las Escrituras y aplica lo que dice a tu vida. Es sólo entonces que descubrirás la verdadera paz, satisfacción, satisfacción, plenitud, alegría, -¿sabes a dónde voy con todo esto? Bueno, uno de esos ejemplos que Dios le dice a Josué, uno de los más grandes líderes en las Escrituras, fue la responsabilidad de Moisés de cuidar de Israel. Dios le dijo en Josué 1:8:8 "Este libro de la Ley no se apartará de tu boca, sino que meditarás en él día y noche, para que tengas cuidado de hacerlo de acuerdo con todo lo que está escrito en él. Porque entonces harás que tu camino sea próspero, y entonces tendrás un buen éxito". Así es como lo harás (lograr y triunfar en el propósito).

Aquí hay algunas referenciasbíblicasadicionales sobre la importancia de meditar en su palabra:

1. Salmo 1:2-3, pero su deleite está en la ley del Señor, y en su ley medita día y noche. ³ Él es como un árbol plantado por corrientes de agua que produce su fruto en su estación, y su hoja no se marchita. En todo lo que hace, prospera
2. Filipenses 4:8. Finalmente, hermanos, lo que sea verdadero, lo que sea honorable, lo que sea justo, lo que sea puro, lo que sea hermoso, lo que sea encomiable, si hay alguna excelencia, si hay algo digno de alabanza, piensen en estas cosas.

9 GUERRA ESPIRITUAL

El reino espiritual es un tema delicado, y a la mayoría de las personas, incluso a los cristianos, no les gusta hablar de demonios, ángeles y fuerzas espirituales. Nuestro enemigo es una persona, y está tratando de destruir a aquellos que se identifican con Cristo. ¿Alguno de ustedes ha leído o recuerda haber visto una película llamada The Pilgrims Progress? El asalto enemigo es implacable, y él no se detendrá ante nada para destrozar y desgarrar por completo todo lo que Jesús ha dado y hecho por nosotros. 1 Pedro 5:8 nos dice que seamos alertas (presten atención) y de mente sobria (seria). Tu enemigo, el diablo, merodea como un león rugiente en busca de alguien a quien devorar, destruir por completo. Quiero que te des cuenta de que nuestro enemigo odia nuestras tripas, no es ningún secreto. Sin embargo, nunca deben temer al enemigo, porque sabemos que como hijos de Dios que Ustedes, queridos hijos, son de Dios y los han vencido, porque el que está en ustedes es más grande que el que está en el mundo. ¡Tenemos poder a través de Cristo!

Entonces, ¿qué es exactamente la guerra espiritual? Es un ataque a tu cuerpo, mente, emociones y tu alma. Vivimos en un mundo caído y, sin embargo, la presencia del bien y el mal a nuestro alrededor, es francamente una cuestión de nuestras elecciones diarias. Lo que elegimos mirar, escuchar también y pensar. Los médicos lo llaman salud, como la salud mental, por ejemplo. Hay algunas cosas que son solo "fixed" a través de la medicación, por lo que no soy de los que rechazan la palabra de los médicos o la medicación, pero también creo en la curación milagrosa. Te digo que a menudo cuando los leones están cazando no hacen un movimiento, solo rugen porque quieren asustar a sus presas, o no están dispuestos o no pueden luchar. Es por eso que debemos resistir todo lo que el diablo arroja contra nosotros: miedo, duda, preocupación, etc. La Biblia dice en Lucas 10:19 He aquí, te doy la autoridad para pisotear serpientes y escorpiones, y sobre todo el poder del enemigo, y nada te hará daño de ninguna manera.

La Escritura nos advierte en 1 Pedro 5:8 diciéndonos que seáis sobrios; estar atentos. Tu adversario el diablo merodea como un león rugiente, buscando a alguien a quien devorar. Nuestro adversario o enemigo, el diablo, se refiere a Satanás, que es una entidad real, no una criatura mítica o una invención. Nosotros, como líderes cristianos, debemos aprender a familiarizarnos con la forma en que él opera. En el ejército de los Estados Unidos estudiamos a nuestro oponente usando cosas como información como: demografía, motivaciones y racionalizaciones. Usamos estrategias para aprovechar la psique de nuestro enemigo, la escritura dice también en 2 Corintios que "No somos ignorantes de sus dispositivos" Creo que si no se enseña correctamente puede ser devastador, por lo que tenemos que ser equilibrados en la forma en que nuestras mentes y espíritus abordan este tema. Uno de los mejores strategies que el enemigo usa contra nosotros son nuestras mentes, luego construye sus fortalezas (como una fortaleza) allí. En algunas de mis investigaciones, la palabra "guerra" tiene un significado sorprendente en las Escrituras.

Entonces, ¿qué pasaría si te dijera que no todos los llamados ataques que ocurren son automáticamente culpa de los enemigos? ¿Te sorprenderías?-Creo que según 1^{San} Pedro 2:11 que la palabra (Guerra) se está usando para describir el intento de nuestra carne (la naturaleza pecaminosa) de conquistar y someter la mente. Necesitamos ejercer el autocontrol, porque si somos nuevas criaturas, muertas al pecado y vivas en Cristo lleno del Espíritu Santo, entonces no puede haber lugar para nada que se oponga al fruto del espíritu. La alegría del amor, la paz, la paciencia y el autocontrol son solo algunas menciones. He estado leyendo mucho últimamente sobre árboles, raíces y frutas. En el Ejército de los Estados Unidos, a los soldados se les enseña a tener una "capacidad de diagnóstico" para poder identificar el problema, la causa de la situación y luego proporcionar una resolución. Resuelve bien el problema en las Escrituras Pablo repite las palabras que Jesús habló y nos dice que una higuera no puede producir aceitunas. Como la gente dice queno se pueden obtener naranjas de un manzano.

La guerra dicta que tienes tu mente, emociones, cuerpo y espíritu bajo control. Si hay alguna debilidad, el enemigo la verá y definitivamente la expondrá, entonces úsela contra ti. El primer paso es asegurarte de que permites que el Espíritu Santo se haga cargo: entregando cada parte de ti mismo. Si podemos hacer esto, entonces la mayoría de los encuentros en nuestra vida cuando experimentamos cualquier "Guerra Espiritual" ya estarán resueltos porque ¡no somos nosotros mismos los que tenemos que hacer la guerra! El enemigo no tiene poder para provocar la destrucción a menos que pueda encontrar una puerta abierta primero a nuestra mente. Si estamos bajo la sumisión a la voluntad de Jesucristo dándonos cuenta de que somos comprados por su sangre, que no nos pertenece a nosotros mismos, entonces él no tiene acceso, a menos que se le dé permiso específicamente. No podemos culpar de ningún fracaso a otros en cuanto a las decisiones que tomamos, o cualquier error que hagamos. Debemos ser responsables, y crucificar nuestra carne, con sus deseos.

La siguiente historia puede sonar muy divertida para ti, pero para aquellos que pueden identificarse con ser un guerrero, vas a entender exactamente lo que estoy a punto de decirte. Recuerdo cuando tuve un día libre estacionado en Camp Anaconda, Base Aérea de Balad, Irak. Hubo un momento en que ocurrió una situación muy aterradora en la base, tuvimos un ataque de mortero que estuvo a punto de golpear el comedor. Asustó a un grupo de personas que estaban allí: teníamos soldados, marineros, aviadores, infantes de marina, contratistas y algunas fuerzas europeas. En ese momento escuché al Señor hablar alto y claro acerca de no estar debidamente vestido. Me dijo: "Hijo, ¿tendría sentido que fueras en ropa interior cerca de la línea de vuelo cuando sabes que el enemigo Al Qaeda podría estar cerca preparándose para golpearte?". Me dijo que debía usar la armadura, Si no elijo ponerme la armadura completa de Dios, entonces me hice a mí mismo y a los demás vulnerables al ataque del enemigo.

Siendo un guerrero elegido para Cristo, he estado en muchas circunstancias, he encontrado varios obstáculos serios y he sido entrenado en el arte de la batalla. En el Ejército aprendí a disparar un arma, sin embargo, algunas experiencias vi a alguien que amo morir una muerte espiritual. En 40 años de mi vida puedo decirles de primera mano que he sido testigo de lo sobrenatural muchas veces. No es algo que puedas gritar para que desaparezca, no existe tal cosa como luchar en la Guerra Espiritual en el sentido humano. 2 Corintios 10: 3-6 dice: Porque aunque caminamos en la carne, no estamos librando la guerra de acuerdo con la carne. [4] Porque las armas de nuestra guerra no son de carne, sino que tienen poder divino para destruir fortalezas. [5] Destruimos los argumentos y toda opinión elevada planteada contra el conocimiento de Dios, y tomamos cautivo todo pensamiento para obedecer a Cristo. No puedes golpear, patear, asfixiar, apuñalar o disparar una bala a las fuerzas de Satanás. Debe venir a través de su palabra, oración y ayuno.

La armadura real te protege en la guerra moderna, al igual que los romanos usaban armaduras en la antigüedad. Efesios 6 nos dice que su Armadura Espiritual está diseñada para protegerte, y también te proporciona armas. No luchamos contra la carne y la sangre, es un mundo espiritual, estamos en contra de los gobernantes / autoridades de las fuerzas espirituales malvadas de la oscuridad en los lugares celestiales. Les digo que una de mis escrituras favoritas es el Salmo 91: El que mora al abrigo del Altísimo morará a la sombra del Todopoderoso. [2] Diré [a] al Señor: "Mi refugio y mi fortaleza, mi Dios, en quien confío". Porque él te librará de la trampa del ave y de la peste mortal. [4] Él te cubrirá con sus piñones, y bajo sus alas encontrarás refugio; su fidelidad es un escudo y una hebilla. No temerás el terror de la noche, ni la flecha que vuela de día,6 ni la pestilencia que acecha en la oscuridad, ni la destrucción que se desperdicia al mediodía.

Recuerdo cuando era un soldado estacionado en Irak en 2007 que era extremadamente incómodo usar todo el peso de lo que llamábamos "sonajero de batalla", especialmente cuando las temperaturas se elevaban a más de 120 grados. A veces llegaba hasta 140, y en ese momento veía a muchos hombres y mujeres desmayarse por agotamiento por calor, o peor aún, un derrame cerebral. Fue en ese momento que me di cuenta de que estar deshidratado y no estar preparado bebiendo los tipos correctos de líquido te causaría la incapacidad de concentrarte, mantenerte alerta durante las situaciones más difíciles. En un sentido espiritual, Jesucristo es el agua viva, y si bebes de él, entonces saciará tu sed. Se dice en Juan 4:14 Pero el que beba del agua que le daré nunca volverá a tener sed. El agua que le daré se convertirá en él en un manantial de agua que brotará hasta la vida eterna". ¡Bebe su agua y prepárate a través de la oración antes de ir a pelear!

La verdadera guerra espiritual como la que he mencionado en los párrafos anteriores no es solo una fuerte ráfaga de emociones que surgen en un intento de asustar al diablo. Eso no es realista, y si estás en algún tipo de lucha difícil, o batalla dentro de ti mismo, o tal vez incluso contra alguien más como un compañero de trabajo, amigo o ser querido, entonces tienes que orar pidiéndole a Jesús que te muestre por qué. Debes estar comprometido en tu actitud dentro de tu mente y espíritu de que con la ayuda de Cristo mantendrás tu posición. La Biblia dice en 2 Corintios 4:8-9 Que somos presionados por todos lados, pero no aplastados; perplejo, pero no desesperado; [9] perseguidos, pero no abandonados; derribados, pero no destruidos. En el ejército estamos constantemente entrenando nuestros cuerpos para que podamos mantenernos "en forma", y siempre tenemos algún tipo de clase o briefing para que nuestras mentes estén actualizadas con todas las regulaciones necesarias que los militares nos están dando para que podamos mantenernos en la cima de nuestro juego.

10 **VICTORIA**

Si te estás preguntando, o preguntándote a ti mismo como líder, o individuo quiero experimentar la victoria en la vida, o tal vez te canses de que me pateen el trasero por todo el campo, entonces estás en el lugar correcto. Tengo grandes e impresionantes noticias para que puedas y lo lograrás si estás dispuesto a hacer los sacrificios necesarios y renunciar a lo que sea que esté obstaculizando o interponiéndose en tu camino que podría estar impidiéndote alcanzar y lograr esta victoria. Debemos entender que la base de nuestra victoria se obtiene a través de nuestra relación personal con Jesucristo. Él es el que primero conquistó todo como humano antes de que lo hagamos, así que sepa que la definición de ser un "vencedor" la palabra Victoria proviene de la palabra griega "nikao" o "Nike", sin embargo, no estoy escribiendo esto para dar ninguna referencia o discusión sobre la compañía. ¡Esto es simplemente una explicación de "tener éxito" en "derrotar" a nuestro enemigo!

La victoria es tener conquista, y triunfo sobre una lucha, como una competencia, batalla o alguna forma de oposición. Me acuerdo de muchas escrituras donde la palabra nos recuerda la victoria que tenemos y que Dios nos ha prometido. Uno de esos ejemplos se lee en Deuteronomio 20:4 Porque el Señor tu Dios es el que va contigo a luchar por ti contra tus enemigos, para darte la victoria. Me encanta esa promesa sabiendo que no importa dónde me encuentre en la vida, todo lo que tengo que hacer es cambiar mi actitud y posición sobre lo que estoy haciendo mal y luego caminar en la dirección opuesta hacia Jesús. Eso es lo que significa arrepentirse verdaderamente, y por lo tanto, después de haberle pedido ayuda a Cristo, él está a mi lado ayudándome a vencer cualquier situación en la que me haya metido. Si ves a alguien sobre quien tienes influencia, tal vez alguien en tus círculos sociales: compañero de trabajo, vecino, amigo, pariente o extraño que ves en   público, ¡entonces deberías actuar!

Creo que como líderes se espera que no solo logremos la victoria en nuestra vida, sino que como hijos de Dios es nuestra responsabilidad tomar medidas cada vez que tengamos la oportunidad de hacer una diferencia. Estoy llegando a una conclusión ya que recientemente he leído de nuevo 1er Juan lo que realmente significa el amor verdadero. Escucha atentamente porque estoy a punto de liberarte lo que creo firmemente que es una clave para desbloquear una comprensión profunda no solo para descubrir el secreto de la verdadera victoria, sino también para tener tus ojos espirituales completamente abiertos, lo que significa que tienes la capacidad única de "ver". Este es 2020 lo que muchos líderes están diciendo va a ser el año de la "VISIÓN PERFECTA" que conoces como 20/20 como por ejemplo aquellos de ustedes que necesitan unoftalmólogo para mejorar su "VISIÓN" y así van a obtener una "RECETA" para usar "GAFAS" El secreto que he estado mencionando es ser una persona que realmente ama a otras personas.

¡Suena tan simple correcto! What sobre la naturaleza humana, y el hecho de que casi todos nosotros en algún momento de nuestras vidas hemos lidiado o "luchado" con el egoísmo. En 2021, cuando las cosas estaban llegando a su fin, tanto en mi vida personal como espiritual, experimenté algunas circunstancias dolorosas insoportables, la mayoría de las cuales me llevaron a través de elecciones pasadas. Me obligó a mirarme en el espejo lo que salió mal, lo que me motivó a buscar al Señor en cuanto a la causa de mi desgracia percibida. Lo que puedo decirles es esto: estoy muy agradecido por recibir no solo la misericordia y la gracia de Jesús, sino también sorprender también el favor que me ha dado a pesar de mis circunstancias. Laextensión de su brazo extendido no vino sin consecuencias. Todavía hay responsabilidad que tengo que enfrentar como resultado de algunas malas decisiones. ¡Debemos usar la compasión para tratar con las personas que arruinan las cosas!

He leído un artículo recientemente sobre el tema de la victoria en lo que respecta al sentido militar de la palabra. Pasé siete años como miembro alistado del Ejército de los Estados Unidos para aquellos de ustedes que me conocen, pero no necesariamente saben cuántos años he servido. La guerra es algo muy complejo, y en el ejército se entiende principalmente como "ganar un conflicto" donde el otro lado básicamente se rinde y se rinde, dejando las armas. ¿No sería genial si de repente el diablo dejara de atacar a la gente de Dios? Bueno, uno de esos pasajes que estoy seguro de que todo cristiano conoce es el que se encuentra en el libro de Apocalipsis donde dice:

Él enjugará toda lágrima de sus ojos, y la muerte no será más, ni habrá luto, ni llanto, ni dolor más, porque las cosas anteriores han pasado.! No sé ustedes, pero nos estamos acercando a ese día, ¡yno puedo esperar a verlo suceder! Un día Cristo regresará, y hará que todas las cosas vuelvan a estar bien.

Para saber si tienen victoria, y realmente saben si han "ganado", entonces como líderes e individuos debemos llegar a un entendimiento de cuál es nuestro objetivo principal. Si no sabes cómo terminará la batalla, o la lucha, cuál será el último resultado, ¿cómo puedes ver cuál será el final? Lo primero que debes decidir y creer es que no importa quién seas o de dónde vengas (es decir, demografía, datos, historia, etc.) es que Jesús nos ama a todos y cada uno de nosotros, eso incluye a los que ni siquiera nos conocen. Él dio su vida por nosotros para que podamos tener verdadera libertad, como dice en la palabra. ¡Adivina qué! En el ejército podrías preguntar a casi cualquier soldado, marinero, aviador o infante de marina y te dirán que conocen la referencia bíblica de Juan 15:13, incluso si ellos mismos no se consideran cristianos, saben que proviene de la Biblia y entienden su significado.

Juan 15:13 dice esto: Nadie tiene mayor amor que este: dar la vida por los amigos. Ok ahora que has leído eso de nuevo ¿entiendes lo que significa? ¡Permítanme primero decir que no necesariamente sugiere que inmediatamente se aliste en el ejército y te conviertas en soldado! Usted, como líder, debe evaluar fuertemente su mensaje y mirarse en el espejo a la persona que es. Sé honesto contigo mismo, ¿la gente dice que eres el tipo de chico, o chica que está dispuesta a "dejar" (dar / compartir) tu: tiempo, dinero, posesiones materiales? ¿Eres una persona egoísta, o está abierta a las necesidades de los demás? No te digo que automáticamente te conviertes en monje y vives un estilo de vida donde nada es tuyo, y todo es ahora de todos los demás. Es una cuestión de carácter: ¡tu corazón SIR o MAM! Es genial cuando llegas a un punto en el que tienes éxito: ¡donde todo es alegre y pacífico!

Con toda seguridad puedo garantizarte que hay alguien más por ahí que definitivamente está pensando y sintiendo que quiere lograr lo mismo en sus vidas. Ese es el punto central del cuerpo de Cristo es que funcionamos como una unidad completa completa, nos necesitamos unos a otros para el apoyo, y Cristo nos diseñó a todos para apoyarnos unos a otros en busca de apoyo. Es la naturaleza humana, y cuando elegimos ignorar a los demás, entonces estamos cometiendo pecado. 1San Juan 3:17 también dice: Si alguien tiene posesiones materiales y ve a un hermano o hermana necesitado, pero no tiene piedad de ellos, ¿cómo puede el amor de Dios estar en esa persona? [18] Queridos hijos, no amemos con palabras o palabras, sino con acciones y en verdad. Sabía que muchas personas en el ejército (incluso las que realmente no les gustaba) se quitarían la camisa en un instante si pedía ayuda. Siempre recordaré el momento en Irak en que un líder vino a mi rescate porque vio que necesitaba ayuda.

Esa persona para mí es Bill Miles, y nunca pensé hace trece años que terminaría siendo no solo uno de los mejores líderes en todos mis 43 años de vida, sino también una persona que ahora considero un "hermano", ya sabes uno de mis amigos más cercanos. Bill Miles fue mi 1er Sargento de la compañía en Echo Company 2-159 ARB: invirtió en mí numerosas veces, y sé que dijo "solo estaba haciendo su trabajo", pero para hacer su trabajo de manera efectiva debe tener compasión. Siempre he estado agradecida porque no solo es mayor que yo con sabiduría, sino que me invitaron a pasar tiempo hablando sobre mis preocupaciones personales como hombre, no solo como soldado, sino también como padre y esposo. Sacrificó su tiempo, dinero y otras prioridades por mí, y por lo tanto lo estoy usando como referencia de inspiración. ¿Si estás buscando la pista que falta sobre cómo puedes encontrar el secreto para superar los desafíos en tu vida para lograr la victoria? ¡Ama a los demás con sacrificio!

Haz esto y te garantizo que verás algunos cambios importantes en tu vida, comenzarás a experimentar bendición, curación, liberación de maneras que nunca imaginaste. No te voy a prometer que siempre será agradable, o incluso gratificante. A decir verdad, algo de eso será doloroso y lastimará a algunos. Sin embargo, creo que para que podamos experimentar cualquier tipo de crecimiento, entonces debemos estar dispuestos a someternos a lo que voy a llamar tener "algunas ramas removidas o podadas" Podrías decir de dónde viene esto. Jesús dijo en Juan 15:2 que: Él corta toda rama en mí que no da fruto, mientras que toda rama que da fruto la poda [a] para que sea aún más fructífera. Creo que esto significa que si hay cosas en nuestras vidas que están tomando más prioridad, como la posesión material (tener un ídolo), él lo eliminará de nuestras vidas. ¡También diré en conclusión que te "recortará" si tu personaje no está bien!

10 BOCETOS DE PERSONAJES DE LIDERAZGO

LEALTAD

La lealtad es el primer carácter del liderazgo, una de las definiciones más comunes de lealtad que vienen a la mente es la devoción. Eso significa que no importa lo que seas parte del equipo, abajo para cualquier cosa, incluso cuando las cosas se ensucian, se puede contar con ti, confiar en él. La Biblia da un nombre específico para este rasgo de carácter: Fidelidad. Es la cualidad de ser fiel a tu palabra y a tus compromisos. Me gusta que cuando haces una promesa, cumples tu promesa. Haces lo que te has comprometido a hacer, y crees con todo tu corazón que permanecerás firme, comprometido a terminar esa cosa. Eliges convertirte en esa persona dedicada, un hombre o una mujer en quien se puede confiar. Otra forma de definir la lealtad sería decir que eres fiel, que eres fiel a completar tus responsabilidades, y que los demás te consideran confiable.

La fidelidad es una de las características de la naturaleza ética de Dios. Denota la firmeza o constancia de Dios en su relación con los hombres, especialmente con su pueblo.

La fidelidad es un aspecto de la verdad de Dios y de Su inmutabilidad. Dios es verdadero no sólo porque Él es realmente Dios en contraste con todo lo que no es Dios, y porque Él se da cuenta de la idea de Dios, sino también porque Él es constante o fiel en el cumplimiento de Sus promesas, y por lo tanto es digno de confianza (VERDAD). Dios, del mismo modo, es inmutable en Su naturaleza ética. La Escritura a menudo se conecta con la bondad y la misericordia de Dios, y también con Su constancia en referencia a Sus promesas del pacto, y esto es lo que el Antiguo Testamento quiere decir con la fidelidad de Dios. Hay muchas referencias bíblicas de fidelidad. Ahora ilustraré al lobo como un ejemplo de las criaturas más leales de Dios.

Como animales de carga, los lobos trabajan juntos para garantizar que cada miembro tenga acceso a la presa y esté a salvo de los depredadores. Cada manada está dirigida por una pareja masculina y femenina que se aparean de por vida y comparten responsabilidades de liderazgo. Cuando nacen nuevos cachorros en la naturaleza, los miembros de la manada cuidan a los recién nacidos mientras la madre caza. Este compromiso inquebrantable fue parte de la inspiración detrás de nuestro nombre: Render Loyalty. Así como los lobos adultos defienden ferozmente a sus familias, trabajamos todos los días para rendir lealtad a las especies vulnerables en todo el mundo. Este temperamento cariñoso y leal contrasta fuertemente con las imágenes populares de los lobos como agresores peligrosos. Los lobos son inherentemente pacíficos y evitan la agresión cuando es posible, formando fácilmente vínculos con otros miembros de la manada. Los cachorros de lobo criados por humanos exhiben estos mismos rasgos hacia su manada humana.

Aunque los lobos son depredadores y muestran agresividad cuando cazan presas o protegen a los miembros de la manada, el falso estereotipo de lobos villanos se ve exacerbado por el conflicto en curso entre los ganaderos estadounidenses y los lobos salvajes. Los lobos entienden su lugar dentro de la manada y siguen las reglas. Harán cualquier cosa, incluso si eso significa sacrificarse. Los lobos trabajan juntos para lograr el objetivo común, ¿por qué si no crees que los equipos deportivos los usan como mascota? Es porque son los mejores jugadores feroces. Los lobos viven en algunos de los entornos más extremos del mundo. Lobos, no solo sobreviven, sino que prosperan. Aprovechan al máximo los recursos que tienen disponibles y aceptan la situación en la que se encuentran. Se han encontrado lobos viviendo en más lugares del mundo que cualquier otro mamífero, aparte de los humanos obviamente.

Los humanos también podemos vivir en ambientes difíciles, pero (en algunos casos) aún si no nos quejamos y nos quejamos de ello. Los lobos también tienen respeto por sus mayores: la estricta jerarquía en una manada de lobos significa que los jóvenes tienen un gran respeto por sus mayores. Estos jóvenes hacen lo que se les dice y, aunque a veces pueden desafiar a sus padres, saben exactamente dónde se encuentran. Solo tengo 43 años, pero la generación de hoy podría aprender una o dos cosas al ver cómo se comportan los cachorros de lobo de verdad. Otra lección que podemos aprender de los lobos es cómo comunicarnos. Los humanos también necesitan aprender a comunicarse mejor, como por qué hacemos las cosas tan difíciles, ¿verdad? Puede que no lo sepas, pero los lobos son comunicadores expertos, capaces de dirigir a toda una manada con un aullido, gruñido, gruñido, mirada o usando su lenguaje corporal.

Los lobos también usan el olor y el tacto para comunicarse con los miembros de la manada y las manadas rivales. La comunicación entre los miembros de la manada de lobos parece sin esfuerzo. Cuando los ves cazar, parecen saber qué hacer, dónde estar y cómo ayudarse mutuamente. Es lo que los convierte en depredadores tan exitosos; son muy ingeniosos y no son derrochadores. Los humanos deben tomar este ejemplo y solo tomar lo que se necesita. Otra razón por la que elegí usar lobos como ejemplo es porque, al igual que los humanos, a veces son expulsados de la "manada". En la sociedad, las personas a veces son ignoradas, o se piensa que no tienen importancia, o que no valen nada. El lobo a veces puede ser forzado a salir de una manada por los machos dominantes, lo que no les da más remedio que valerse por sí mismos. Pueden sufrir una vida de soledad o eventualmente podrían ser aceptados de nuevo en la manada.

Aún así, el lobo muestra afecto el uno al otro lamiéndose, acicalándose, acariciando e incluso mordisqueándose unos a otros. No tienen miedo de mostrar afecto cuando lo sienten o un miembro de la manada lo necesita. La vida se vuelve tan intensa y a menudo nos movemos tan rápido que nos olvidamos de mostrar afecto a nuestra pareja. Deseo animarte a mostrar lealtad real: La verdadera lealtad es más que solo palabras, resultará en acciones Toma tiempo de tu apretada agenda para estar realmente con tu pareja y darles un afecto muy necesario. La Biblia dice en Mateo 26:33-35. Pero Pedro le dijo: "¡Incluso si todos los demás se vuelven contra ti, ciertamente no lo haré!" Jesús le dijo: "Te digo con certeza, antes de que un gallo cante esta misma noche, me negarás tres veces". Pedro le dijo: "¡Incluso si tengo que morir contigo, nunca te negaré!" Y todos los discípulos dijeron lo mismo.

Proverbios 21:21 dice: El que busca la justicia y la lealtad encuentra vida, justicia y honor. Cuando miramos a Dios, Él guarda Su pacto misericordioso de lealtad durante mil generaciones con aquellos que lo aman y guardan Sus mandamientos. Como dice Proverbios, hay uno que se mantiene más cerca que un hermano, o que es verdaderamente confiable. Una de mis referencias favoritas de las Escrituras se encuentra en el evangelio de Juan, capítulo 15, versículo 13. No hay amor más grande que dar la vida por los amigos. Incluso las Fuerzas Armadas de los Estados Unidos, y permítanme mencionar por defecto, muchas de ellas no siguen verdaderamente a Cristo. Sin embargo, este principio es popular entre todas las ramas y ampliamente utilizado hoy en día. Para concluir este boceto del personaje os voy a mostrar unas cuantas ilustraciones del lobo gris, que creo que es uno de los lobos más bellos de la tierra, ...

La última parte de este boceto de personajes será el entrenamiento en vivo, un ejercicio de entrenamiento al aire libre sobre cómo lograr la lealtad. Creo firmemente que para aprender lealtad, los equipos deben ser desafiados. Una situación que física, emocional, mental y espiritual vigorosa hasta el punto en que los individuos tienen que confiar unos en otros para entender a las personas y el propósito hacia Cristo y entre sí.

Excelencia

La excelencia es una cualidad virtuosa, un alto estándar moral como cristianos, esto simplemente significa obediencia, diligencia y confiabilidad. José es un ejemplo en las Escrituras de un joven que fue obediente, trabajó muy duro, hizo todo lo que estaba en su capacidad para dar lo mejor de sí mismo. Incluso cuando fue encarcelado injustamente, fue capaz de impresionar al alcaide con su excelente carácter, ética de trabajo y habilidades. Fue debido a su compromiso inquebrantable y excelencia que Dios le permitió ser promovido a una posición más alta de poder. Dios se complace cuando somos diligentes. Estas cualidades apoyan la excelencia y merecen una observancia más cercana, como pronto veremos a través de la vida de José y una hormiga.

Obediencia y cumplimiento de una orden, solicitud o ley o sumisión a la autoridad de otra persona. Cualquier cosa que recuerdes que Dios está observando; a pesar de nuestras circunstancias, las bendiciones de Dios son capaces de vencer. No importa en qué posición o circunstancia se colocara a José, fue ascendido. Génesis 39:21 "El Señor estaba con José en la prisión, y le mostró su amor fiel..." Cuando el joven llamadoJosé fue vendido por hermanos celosos a la esclavitud e injustamente encarcelado, Dios estaba con él y bendijo lo que puso sus manos. Egipto no era el pueblo de Dios, sin embargo, a pesar de eso , Dios bendijo lo que José puso sus manos y Egipto terminó siendo bendecido por el bien de José. ¿Captaste de qué depende la bendición de Dios? Tal vez el primer Salmo podría explicar mejor esto.

Salmo 1:1 "Bienaventurado el hombre que no camina en el consejo de los impíos, ni se interpone en el camino de los pecadores, ni se sienta en el asiento de los despreciadores; 2. Pero su deleite está en la ley del Señor, y en Su ley medita día y noche. 3. Será como un árbol plantado por los ríos de agua, que produce su fruto en su estación, cuya hoja tampoco se marchitará; y todo lo que haga prosperará". Podemos ver que las bendiciones son contingentes.

En Génesis 39:3 "Y su maestro vio que el Señor estaba con él, y que el Señor hizo todo lo que hizo para prosperar en su mano". así que Potipher lo puso a cargo de toda su casa. Incluso cuando José fue acusado erróneamente y enviado a prisión, José hizo de ser obediente a Dios una prioridad.
v21 "Pero el Señor estaba con José, y le mostró misericordia, y le dio favor a los ojos del guardián de la prisión. v22 Y el guardián de la prisión entregó a la mano de José a todos los prisioneros que estaban en la prisión; y todo lo que hacían allí, él era el hacedor de ello".
Incluso cuando fue olvidado por un par de años, su enfoque estaba en Dios.

v38 "Y Faraón dijo a sus siervos: ¿Podemos encontrar a uno como este, un hombre en quien esté el Espíritu de Dios?" Faraón puso a José sobre su casa, gobernó al pueblo y lo puso sobre toda la tierra de Egipto.

Diligencia, ¿Alguna vez has escuchado el dicho, "Nariz a la piedra de moler" "Mantén el rumbo" "Haz un esfuerzo adicional" todos estos modismos se atribuyen al trabajo duro. ¿Sabías queSolománusó una hormiga como ejemplo de sabiduría para enseñarnos el valor de trabajar duro, optimizar los recursos, la comunidad y eltrabajo en equipo? Las hormigas no necesitan motivación y trabajan incansablemente hacia un objetivo común. Si los humanos simplemente ejercieran esta misma actitud de "Puede hacer", podríamos lograr mucho más porque el trabajo duro es una aspiración, no solo un estándar.

¿Qué significa ser digno de confianza? Ser digno de confianza en realidad significa varias cosas; que eres una persona honesta, que tienes integridad. La gente sabe que si te dicen algo importante, o te piden que hagas algo, se puede confiar en ti. Ser confiable denota que vas a hacer lo que dices, tu confiable. Cuando eres digno de confianza, es porque otros han mostrado confianza en tus acciones. Confiable es algo que te has ganado. Te lo mereces porque demuestras constantemente a otras personas que tienes valores morales inquebrantables, probados una y otra vez.

Vigilancia

El estado de alerta es el tercer carácter del liderazgo, estar alerta es un estado de tu mente y tu espíritu. Estar alerta significa que estás listo para la acción, que eres capaz de prestar atención y ser consciente de lo que te rodea. ¿Tienes la disciplina para estar completamente despierto y entender el entorno que te rodea? Un individuo que sirve como líder es self-less en sus acciones y pensamientos. ¡Se preocupan lo suficiente por suceder con los demás para tomar la decisión adecuada! La Biblia hace varias referencias a estar alerta, en 1 Pedro 5:8 dice: "Sed sobrios; estar atentos. Tu adversario el diablo merodea como un león rugiente, buscando a alguien a quien devorar" Es una advertencia para ser serio, estar alerta al peligro del enemigo. El delfín es un gran ejemplo de estar alerta.

Los delfines son algunas criaturas muy inteligentes. Tienen la capacidad única de estar "vigilantes", otra forma de expresar estar alerta. Los delfines tienen que salir periódicamente en busca de aire, por lo que deben estar atentos a posibles depredadores. Eso requiere un enfoque realmente increíble. Los delfines pueden superar la falta de sueño y, al mismo tiempo, estar listos para la acción porque sus cerebros pueden descansar mitad a mitad. 1 Pedro 1:13 también dice lo mismo: "Por lo tanto, preparando vuestras mentes para la acción, y siendo sobrios, poned vuestra esperanza plenamente en la gracia que os será traída en la revelación de Jesucristo". Una de las lecciones que aprendí de estar en el Ejército de los Estados Unidos fue que a menudo teníamos entrenamiento, ¡nuestros líderes se aseguraban de que sus equipos estuvieran listos para hacer cualquier cosa!

Debemos aspirar a ser tan detallados al concepto de estar alerta, como los delfines, siempre debemos prestar atención a lo que sucede a nuestro alrededor. La falta de conciencia situacional es una de las principales razones por las que creo que las personas luchan por ser líderes efectivos. Si te enfocas solo en tus propias prioridades, entonces extrañarás las necesidades de los demás en tu vida. Aquí hay otra referencia de las Escrituras para unirlo todo. Lucas 12:35-37 "Estad vestidos para la acción[a] y mantened vuestras lámparas encendidas, [36] y sed como los hombres que están esperando que su amo llegue a casa de la fiesta de bodas, para que puedan abrirle la puerta de inmediato cuando venga y llame. [37] Bienaventurados los siervos[b] que el amo encuentra despiertos cuando viene". ¿Estás listo para la acción?

El delfín es en realidad citado como uno de los segundos seres más inteligentes de la tierra después de nosotros mismos. Increíblemente, sus habilidades sociales, comportamiento y autoconciencia son muy parecidos a los de las habilidades humanas. El tamaño de su cerebro en relación con el tamaño de su cuerpo, tienen cerebros grandes. Los delfines son capaces de "ver" lo que sucede a su alrededor debido a una superpotencia llamada ecolocalización. Los delfines tienen esta increíble habilidad como el sonar, y la usan para conectarse con otros delfines. Saben de todo lo que hay a su alrededor. Los delfines pueden adaptarse al cambio fácilmente, y están listos para actuar cuando algo sucede. Los delfines no son tomados por sorpresa, ¡y creo que probablemente sean algunos pensadores profundos! Los delfines tienen algo en su llamado cerebro del sistema límbico, ¡lo que les ayuda a tomar decisiones importantes al igual que los humanos!

Aprendí durante mi tiempo con el Ejército de los Estados Unidos a adaptarme al cambio rápidamente mientras estaba muy alerta a lo que estaba sucediendo. Los soldados eran entrenados constantemente en caso de que algo peligroso sucediera. La Biblia dice: "Estad en guardia, manteneos despiertos. Porque no sabes cuándo llegará el momento. Es como un hombre que va de viaje, cuando sale de casa y pone a sus sirvientes a cargo, cada uno con su trabajo, y ordena al portero que permanezca despierto. Por esa razón , permanezca despierto, porque no sabe cuándo vendrá el amo de la casa, por la noche, o a medianoche, o cuando el gallo cante, o por la mañana, para que no venga de repente y lo encuentre dormido. Y lo que les digo les digo a todos: Permanezcan despiertos". Marcos 13:33-37. ¿Eres capaz de "mantenerte despierto" ¿Está tu mente, cuerpo y alma listos para abordar las tareas que Cristo te dio? Todo lo que tienes que hacer es orar, pedirle ayuda, y él lo hará.

Deber

El deber es el cuarto carácter del liderazgo. Jesucristo - él es el Señor; maestro, gobernante sobre todo. En el ejército tenemos la cadena de mando. El rango más alto de alistados, por ejemplo, es el Sargento Mayor de Comando. Cuando firma un contrato con las Fuerzas Armadas de los Estados Unidos, tiene la obligación legal de seguir las reglas. Me gustaría mencionar como aceptar a Jesús como voluntario, al igual que alistarse en el ejército, nadie te obliga a hacerlo. Sin embargo, cuando lo haces, aceptas la responsabilidad moral de seguir sus enseñanzas y ayudar a otros a conocer su palabra. En el Ejército de los Estados Unidos me enseñaron desde el entrenamiento básico que no solo debía completar mis tareas, sino también ayudar a otros en el equipo a terminar sus responsabilidades. Lo llamarían "misión" Los soldados están encargados de llevar a cabo órdenes legales (instrucciones) y si no lo hacen, hay consecuencias como perder rango, salario, libertad u obtener una mala baja.

En la Biblia la definición de deber es muy clara, dice "El fin del asunto; todo ha sido escuchado. Temed a Dios y guardad sus mandamientos, porque este es todo el deber del hombre. Porque Dios traerá cada obra al juicio, con cada cosa secreta, ya sea buena o mala" Es bastante simple y directo. Uno de mis "órdenes directos" favoritos personales proviene del Antiguo Testamento, el libro de Miqueas capítulo 6, versículo ocho. Él te ha dicho, oh hombre, lo que es bueno; y ¿qué requiere el Señor de ti sino hacer justicia, amar la bondad y caminar humildemente con tu Dios? En mi experiencia, me crié en un hogar cristiano, enseñé disciplina en el ejército. Me rebelé y retrocedí como el hijo pródigo. Sabía mejor lo que se requería de mí. ¡Mis compromisos en la vida finalmente me llevaron al hospital, casi muriendo de Covid para aprender a caminar con Jesús humildemente de nuevo!

Jesús es referido como el León de la tribu de Judá, y muy a menudo en mi vida he escuchado a otros mencionar que mis propias cualidades de carácter, como por ejemplo tener pasión es como la de un león. Es por esa razón que estoy usando el león como ejemplo para ilustrar el deber. El león es uno de los animales más interesantes del mundo, y sin duda uno de los más respetados. Los Leones tienen la capacidad de delegar tareas sin interferir ni microgestionar a otros. El león hembra sale y caza, luego trae de vuelta la comida para que el macho coma primero. Él, a su vez, la respeta llevando a cabo sus deberes, como vigilar a los cachorros y defender el territorio del orgullo. El león se preocupa lo suficiente por los demás, que incluso después de comer su comida, deja las sobras para su reino, como pájaros y otras criaturas para comer. La lección a aprender aquí es no ser perezoso, sino ayudar a asumir las responsabilidades.

En el Ejército de los Estados Unidos había situaciones en las que tenías que pensar muy cuidadosamente sobre lo que alguien te decía que hicieras. Afortunadamente, nunca me pidieron que hiciera algo ilegal, sin embargo, escuché historias sobre la desgracia de otros soldados. Como líder, sé que por lo general hay tres categorías de deberes: deberes específicos, lo que significaba responsabilidades similares a las relacionadas con mi trabajo, como mantener la apariencia personal. Los deberes estaban dirigidos, es decir, cuando mi supervisor me daba instrucciones escritas u orales para que las completara de manera oportuna. La última categoría eran los deberes implícitos, y por lo general implicaría tareas que pueden no estar específicamente relacionadas con mi trabajo. Un ejemplo de ello sería algo que mejoraría la calidad general del equipo, como hacer una inspección del equipo para asegurarse de que las cosas funcionaran correctamente, como el equipo utilizado para el despliegue.

La conclusión de todo esto es decir que todos, ya sean militares o civiles. Todos son parte de un equipo y tienen que responder a una cadena de autoridad. Hay consecuencias por no seguir las instrucciones, o simplemente ser descuidado. Cuando cometemos un error, es la naturaleza humana poner una excusa: culpar a los gatos de las circunstancias. El pecado está mal, y necesitamos asumir la responsabilidad personal de nuestras acciones. La solución práctica sería humillarse, admitir sus faltas, pedir perdón y luego hacer el cambio. Sé parte de la solución, no del problema (como dirían los militares): toma la iniciativa cuando nadie más te está mirando. Haga lo que usted ve que debe hacerse sin que se lo pidan. Pídele a Cristo que te ayude, y cuando des un ejemplo de responsabilidad, entonces otros lo verán y seguirán tu liderazgo.

Entusiasmo

El entusiasmo es uno de los personajes más desafiantes en el liderazgo. Significa mostrar un sentimiento de interés energético en algo, o alguien, y que estás ansioso por involucrarte con él. Las personas que muestran entusiasmo demuestran cualidades como la dedicación y la pasión. Mostrar un interés genuino en una actividad, hacer preguntas para obtener comentarios y, en general, participar, ofrecerse como voluntario para ser parte de las cosas son excelentes maneras de demostrar entusiasmo. Es difícil ser entusiasta a veces, somos humanos con sentimientos como: el hambre, el dolor o el cansancio pueden dificultarlo. La Biblia habla de la palabra celo, es la palabra griega ZELOS que significa excitación de la mente y fervor del espíritu. Es una mentalidad de ser encendido en fuego, encendido saltando de alegría. La Biblia dice: "No seas perezoso en celo, sé ferviente en espíritu, sirve al Señor". ¡Es un comando para tener algo de emoción!

Cuando estaba estacionado en Alemania con el Ejército de los Estados Unidos, recuerdo específicamente una cosa que hizo la Compañía del Cuartel General,[127] Batallón de Apoyo de Avaition: teníamos una gran cadena de mando que aumentaba la moral. Lo que les estoy diciendo es que todos nuestros líderes: desde el Comandante de la Compañía (Capitán Mobley) hasta el SSgt Copeland, mi líder de pelotón, todos nos emocionamos, desde una carrera de PT con música, hasta un artista como yo que se ofreció como voluntario para pintar cuadros en el batallón donde trabajaba el Coronel. Hacer esto traería una moral increíble (sensación de ser alentado, motivado e inspirado). Fui parte de eso durante unos años, y puedo decirles que 15 años después todavía extraño ser parte de una organización que trabajó tan duro para mantener ese estándar de inspirar, motivar y alentar a su equipo a aplicar emoción y alegría a todo lo que hicimos.

El elefante está constantemente entusiasmado, y se encuentran entre las criaturas expresivas más alegres que conocerás, y tienen emociones salvajes que mostrar. Se sabe que los elefantes expresan mucha alegría y felicidad. Cuando los elefantes están con su familia en la naturaleza, juegan juegos entre sí. El evento más importante para un elefante es cuando nace un bebé, y se les puede escuchar haciendo sonidos a todo volumen y bravucones con sus trompas durante el nacimiento. Los elefantes se emocionan, les encanta pasar tiempo con sus familiares. Sin embargo, se comportan de algunas maneras realmente interesantes: algunos incluso podrían llamarlo loco. Al igual que los humanos, los elefantes también tienen reuniones familiares. Los elefantes correrán uno hacia el otro, gritando y pregonando al mismo tiempo. También agitan las orejas, frotan colmillos entre sí, dan vueltas y orinan en el suelo porque tienen pasión.

La Biblia habla muchas veces acerca de tener gozo, pasión, fervor o celo en lo que estás haciendo. El entusiasmo puede tomar actos ordinarios y transformarlos en logros extraordinarios. La Biblia también dice: "No por poder, ni por poder, sino por mi espíritu dice el Señor de los Ejércitos" en Zacarías 4:6. Cuando estaba en el Ejército , en realidad pensaba que los líderes que estaban entusiasmados, que eso era parte de su secreto para tener éxito. Era una actitud contagiosa estar cerca, y recuerdo que quería algunos. Cuando eres enérgico, otros lo notan, ser enérgico te ayuda a concentrarte en la tarea y motiva a los demás. Sin embargo, somos seres humanos imperfectos, por lo que a veces nos apagamos. Ser enérgico es muy parecido a ser una vela, da luz pero también puede quemarse. ¡El Espíritu Santo es como una bombilla fuerte y si estamos llenos de él brillaremos!

Un informe muestra que los elefantes muestran entusiasmo y compasión por otras criaturas fuera de su manada. Arriesgarán su propia vida, por otro animal que no es el suyo. Hay una de esas historias de un elefante ayudando a un rinoceronte bebé que se había quedado atrapado en el barro. Era una posición peligrosa para el elefante porque la madre rinoceronte seguía cargando al elefante. Sin embargo, no se detuvo hasta que las cosas mejoraron. Es increíble que una criatura así pueda deleitarse, llorar e incluso mostrar dolor. Te hace pensar que este animal no tiene límites para mostrar emociones. Es realmente notable que los elefantes tengan tal habilidad. Debemos tomar este ejemplo de inspiración animal para entusiasmarnos con el trabajo conjunto, llevando a otros a tomar las decisiones correctas. ¡Creo que Dios nos dio estos animales para ayudarnos a enseñarnos a tener buen carácter en nuestras vidas!

Respeto

El respeto es uno de los personajes más importantes en el liderazgo. Significa mostrar una actitud de aprecio por lo que hacen los demás. ¿Le das un gran valor a esas personas en tu vida, como por ejemploel maestro en la escuela o el pastor? Se les ha dado una posición de autoridad, en el ejército a menudo tenemos personas que nos superan. Puede que no estemos necesariamente de acuerdo con su personalidad, pero estamos obligados a respetar su posición. Sabes que decir respeto no se da; tienes que ganártelo con el tiempo y a través de tus acciones. El tipo de actitud que tengas cuando trates con personas determinará si estás siendo respetuoso. Tu comportamiento determinará si los demás te respetan o no, si lo ganas, entonces lo ganarás. Todo está en cómo tratas a la gente, la Regla de Oro. La Biblia dice que hagas a los demás lo que quieres que te hagan a ti. Mateo 7:12

Cuando pienso en el respeto, la primera criatura que me viene a la mente sería el águila calva americana. El águila calva es muy venerada, y las tradiciones nativas americanas las consideran sagradas. Los nativos americanos creen que Dios los eligió para ser los gobernantes y amos del cielo. Cuando cualquier miembro de la tribu recibía una pluma, era porque eran muy respetados. El águila real era el tipo de águila más codiciada, y eran las más significativas. Las águilas son respetadas en muchas culturas para incluir las antiguas, como los griegos, los romanos y las tradiciones nórdicas. Se pensaba que las águilas eran el mensajero de Dios, y es por eso que las verías como símbolos de guerra. También se incluye en las religiones cristiana y judía, las águilas representan la realización espiritual. El gobierno de los Estados Unidos también los usa como parte de nuestras tradiciones de bandera.

La Biblia dice: "Muestre el debido respeto a todos, ame a la familia de los creyentes, tema a Dios, honre al emperador". Eso significa que debemos admirar y obedecer a aquellos en autoridad, y mostrar cortesía por los demás. Mostrar respeto no es solo tus acciones, también es cómo hablas, es tu tono de voz y las palabras que usas. Los líderes son responsables de lo que dicen, y tendrán que dar cuenta a Dios algún día. La Biblia nos enseña: "Que no salga de vuestras bocas ninguna charla corruptora, sino sólo la que sea buena para edificar, como corresponde a la ocasión, para que pueda dar gracia a los que oyen". En el ejército, cuanto más conocimiento y experiencia ganes, más respeto recibirás. El respeto no es automático, no se da libremente, no se da para ganárselo. Cualquier líder quiere ser respetado, por lo que una sugerencia sería no ser egoísta, no se trata de ti. Piensa en los demás.

Servicio desinteresado

El desinterés no es un concepto tan fuerte para comprender, en realidad las Escrituras nos dan varias referencias con las cuales equipar nuestras mentes espirituales. ¿Antepones las necesidades de los demás a las tuyas? ¿Estás eligiendo conscientemente a diario servir a los demás primero para incluir; familia, vecinos, cuerpo de la iglesia, compañeros de trabajo, comunidad e incluso extraños que no te gustan? El desafío es poner tus palabras en acción, la Biblia tiene instrucciones simples cuando se trata de ser un líder fiel y confiable. Filipenses 2:3-4 "Nada de rivalidad o presunción, sino que en humildad conteis a los demás más importantes que vosotros mismos. Dejemos que cada uno de ustedes mire no solo a sus (propios) intereses, sino también a los intereses de los demás. Significa tener una actitud de humildad, no tratar de competir contra los demás, hacer de las preocupaciones de los demás una prioridad.

Somos creados con habilidades y talentos para traer gloria a Cristo, no a nosotros mismos. En el entorno militar, a menudo había descubierto que otros buscaban el beneficio personal y el honor. Nuestro mundo tiene una cultura que influye en salir adelante por cualquier medio, incluyendo pisar a otros para llegar a la cima. El reino de Cristo es todo lo contrario, Marcos 10:43-45 dice: "El que quiera llegar a ser grande entre vosotros será vuestro siervo. Y el que quiera ser el primero entre vosotros será esclavo de todos. Porque incluso el Hijo del Hombre no vino a ser servido, sino a servir, y a dar Su vida en rescate por muchos. El Reino de Cristo tiene un punto de vista diferente sobre servir a los demás desinteresadamente, significa incluso hasta el punto de la muerte si la misión lo requiere. Déjame preguntarte honestamente: ¿estás dispuesto a convertirte en ese tipo de líder si es necesario? ¿Como tomar una bala o saltar sobre algo peligroso?

La triste verdad es que la mayoria de las personas ni siquiera se desviarán de su propio camino, especialmente si les incomoda o hace que los incomoden. Nuestra sociedad está llena de hombres, y algunas mujeres que se niegan a dar su tiempo, y mucho menos dinero, o la vida. Juan 15:13 "Mayor amor no tiene hombre esto: que dé su vida por su amigo". Dondequiera que estemos; la escuela, el trabajo, el hogar, la iglesia o la comunidad, el enfoque debe ser hacer cosas para el beneficio de los demás. 1 Corintios 14:26 "Qué hermanos cuando os reunís; cada uno tiene (parafraseando algo): Que todas las cosas se hagan para el beneficio y la edificación del conjunto" En el Ejército de los Estados Unidos recuerdo que los obstáculos fueron diseñados para poner a prueba la fuerza, la resistencia y las habilidades de resolución de problemas del equipo. Muchas veces veía que los miembros de mi escuadrón recogían holgura; alentar y motivar al individuo más débil que lucha.

Esto es lo que significa liderar con el ejemplo: uno de los mejores ejemplos que puedo recordar es cuando el equipo completó un desafío, discutimos lo que aprendimos juntos. Un equipo fuerte tiene miembros que hablan sobre lo que pueden hacer para hacer mejoras en el futuro. El liderazgo implica cierto nivel de crianza: era "moral" en el ejército, significaba el bienestar general: físico, espiritual, emocional y mental de cualquier individuo bajo su cuidado. Creo que uno de los rasgos fuertes del liderazgo es ser una luz para los demás en un mundo oscuro y doloroso. Quitar el enfoque de ti mismo te permite reconocer las necesidades de los demás y luego tomar las medidas apropiadas para guiarlos en la dirección correcta.

Mateo 5:16 dice: "Por tanto, que brille tu luz delante de los hombres para que vean tus buenas obras y te glorifiquen Padre que estás en los cielos" Dios nos ayude a ver a los demás como tú lo haces.

¿Estás dispuesto a convertirte en uno de los próximos hombres, o mujeres que se levantarán en la brecha por lo que es correcto y santo a los ojos de Jesucristo? A veces significa tomar un trabajo que nadie más quiere hacer, o satisfacer una necesidad que no se ha cumplido. En nuestra experiencia humana, todos los días estamos llenosdevoces o influencias como las redes sociales que nos dicen qué pensar y qué hacer. La sabiduría de las Escrituras tiene un enfoque diferente que debemos seguir: Dios dijo algo perspicaz e impactante para Ezequiel, (capítulo 22, versículo 30) "Busqué a alguien entre ellos que edificara el muro y se parara delante de mí en la brecha. Necesitamos abrir los ojos a los demás; arreglar y satisfacer las necesidades de los demás. Es nuestro deseo de corazón aprovechar cada oportunidad para ser mentores y entrenadores, enseñando a la próxima generación de jóvenes líderes cómo aplicar los principios de liderazgo que se encuentran en las Escrituras en sus vidas.

Honor

El honor es tratar a alguien con el debido respeto a las personas sin importar lo que pienses de ellas, porque se lo ganaron. Mostrar honor implica poner un alto valor y dar reconocimiento a alguien por lo que ha hecho. Tanto en la antigüedad como en los tiempos modernos, el honor público es un valor cultural importante, tener vergüenza equivale a devastación. Mantener tu honor puede hacer que otros te critiquen, como defender lo que es bíblicamente correcto. Se necesita coraje para sacrificarse y cumplir con su deber. Los soldados a menudo enfrentan un peligro extremo, sin importar cuál sea la amenaza, y mantienen el juramento que hizo para defender a la nación. Romanos 13:7 Da a todos lo que les debes: Si debes impuestos, paga impuestos; si los ingresos, entonces los ingresos; si respeta, entonces respeto; si honor, entonces honor. Se espera que demos honor a las personas que tienen autoridad sobre nosotros.

La Biblia nos dice que se supone que debemos mostrar honor a los líderes que nos instruyen espiritualmente y nos discipulan: 1 Timoteo 5:17 "Los ancianos que dirigen bien los asuntos de la iglesia son dignos de doble honor, especialmente aquellos cuyo trabajo es predicar y enseñar" Aquí hay otro ejemplo: Si tienes hijos, y tal vez tengas que dejarlos todas las mañanas en la guardería, di gracias, obtener su cumpleaños y enviarles una tarjeta. En el ejército de los Estados Unidos: La Medalla de Honor es el premio más alto que puede ser otorgado a cualquier individuo por el Gobierno de los Estados Unidos. El presidente de los Estados Unidos preestablece el premio en nombre del Congreso, y solo se otorga a quienes se han distinguido a través de la gallardía conspicua y la intrepidez a riesgo de la vida más allá del llamado del deber: mientras participan en la acción contra un enemigo de los Estados Unidos.

Creo que nuestra cultura se ha convertido en un lugar de deshonor, una cosa que aprendí mientras servía en el Ejército de los Estados Unidos fue que tener honor te definía como persona, mientras guiabas a otros con tu carácter. En el Ejército, tener honor significaba que tenías el compromiso de hacer lo correcto, sin que alguien te elogiara. El honor es su código, y era muy importante en el Ejército porque representaba su compromiso de servir a su país. En el Ejército el concepto de código de honor representa su conducta, viviendo con un alto estándar ético de comportamiento. Diariamente aprendí a abrazar ese código mientras me ponía ese uniforme o usaba ropa civil. Era importante cómo me presentaba a mi comunidad, así que tenía el deber de honrar a mi unidad. Los líderes deben tomar sus roles más en serio, siendo embajadores de la justicia, la nobleza y el profesionalismo.

Creo que Dios quiere que mostremos honor a personas como los funcionarios del gobierno y su jefe en el trabajo. Jesús vino a la tierra como un ejemplo para mostrarnos cómo honrar a los demás, si lees en la Biblia, descubrirás que el honor no solo beneficia a aquellos que también lo mostramos, sino que también nos beneficia a nosotros mismos. Proverbios 21:21 "El que busca la justicia y la bondad encontrará honor. Dios nos honrará cuando honremos a otras personas; Jesús dijo en Juan 12:26 "Si alguno me sirve, debe seguirme; y donde yo esté, allí estará también mi siervo. Si alguien me sirve,el Padre lo honrará". Dios no nos muestra honor como lo hace el mundo; con riqueza, reconocimiento, estatus o fama. Jesús quiere que seamos líderes de carácter, como ser honestos y sinceros acerca de lo que hacemos. El honor es una recompensa que recibimos de Dios al vivir fieles, humildes y justos.

La forma en que llevas el honor todos los días, es algo que practicas, no solo un concepto. Creo que al Ejército se le ocurrió un conjunto de valores fundamentales aproximadamente alrededor de 2005, fue cuando acababa de llegar a mi segundo lugar de destino en Alemania. Era un sistema que se suponía que los soldados debían entender, y abrazar ser profesionales. Pensé que
era una forma de proporcionar responsabilidad personal por las acciones de una persona, como el currículo para el desarrollo del carácter. Estos

valores fundamentales representaban la cultura de ser un soldado moderno, y todavía influyen en cómo opera el Ejército hoy en día. Vivir con valores como el honor es muy importante: proporcionar sustancia ética y desarrollo del carácter de los líderes. Nosotros, como sociedad, debemos adherirnos a los fundamentos de los principios bíblicos y las virtudes morales para realizar un gran liderazgo. Es básicamente un contrato social para tratarse bien unos a otros.

Integridad

¿Siempre haces lo correcto, incluso cuando nadie te está mirando? La integridad es hacer lo correcto, moral y legalmente. La honestidad dice la verdad, es disciplina de confianza y no negociable. Una vez que se ha violado la integridad, es lo más difícil de restaurar una vez que se pierde. La integridad es ser fiel a Dios, fiel a ti mismo, fiel a tu familia y a cualquier otra persona que deposite su confianza en ti. Cuando se ha violado la integridad, puede derribar a toda una organización. Los líderes dan el ejemplo correcto, en el lugar de trabajo un empleado sabe que un buen líder se adhiere a los mismos estándares que se espera que sigan. Una persona seguirá a un líder tomando decisiones difíciles, incluso si no están de acuerdo porque el líder tiene el mejor interés de esa organización. Líderes que demuestran integridad en sus acciones cotidianas: se gana más confianza y se inspira respeto.

La integridad tiene un significado central: la verdad, la verdad está en la naturaleza misma de Dios. La verdad es universal absoluta, que se ajusta a la realidad y a los hechos en nuestras vidas. La Escritura dice en 2 Corintios 4:2 "Pero hemos renunciado a caminos vergonzosos y solapados. Nos negamos a practicar la astucia o a alterar la palabra de Dios, pero por la declaración abierta de la verdad nos encomendaríamos a la conciencia de todos a los ojos de Dios" Los líderes deben fomentar la honestidad y alentar a su personal y subordinados a hacer lo correcto. Los miembros del equipo deben responsabilizarse mutuamente ante el valor de la integridad y los estándares porque construye la cohesión dentro de la organización. Descubrí por mi tiempo sirviendo con el Ejército de los Estados Unidos que cuando la gente se preocupa por la ética; incluyendo su brújula moral interna, entonces las personas son productivas y están comprometidas con la misión.

Entonces, si "sabemos lo que es lo correcto y no lo completamos, entonces eso significa que estamos pecando" Santiago 4:17. Una persona puede dar un gran ejemplo de integridad haciendo cosas como ser puntual, golpear temprano "Comenzar el trabajo a tiempo, no tomar descansos más de lo necesario y salir cuando todo está hecho. Incluso cuando otros no ven los detalles, Dios siempre lo hace: completa la "inspección final" "Hagas lo que hagas, trabaja en ello con todo tu corazón, como trabajando para el Señor, no para los maestros humanos, ya que sabes que recibirás una herencia del Señor como recompensa. Es al Señor Cristo al que estás sirviendo". Colosenses 3:23-24. Una de las cosas que recuerdo que mis líderes en el ejército nos golpearon en la cabeza fue el respeto por la propiedad del gobierno. Si no nos perteneciera, entonces no lo tocaríamos ni lo usaríamos sin permiso expreso.

En el Ejército de los Estados Unidos se esperaba que fuéramos sinceros acerca de nuestras habilidades, si se nos encomendaba la tarea de cumplir con un cierto deber, entonces se esperaba que hiciéramos lo que fuera necesario para lograrlo. Los líderes siempre deben ser conscientes de su equipo, no subestimar o sobreestimar las cualidades de los individuos. Líderes, le aconsejamos que aborde cada situación que enfrenta utilizando el discernimiento y la comprensión. No permita que se pongan excusas por condiciones insatisfactorias o por echar la culpa a otros. Fomentar la diligencia, la creatividad en la resolución de problemas, la responsabilidad personal y una comunicación sólida. Rechazar la deshonestidad; pero requieren precisión y justicia en todos los tratos. No comprometas la verdad, ni hagas nada que traicione la confianza de tu equipo. La Biblia dice: "Diferentes pesos y diferentes medidas, jehová los detesta a ambos". Proverbios 20:10.

Puedo decirles que ustedes van a ser desafiados como líderes cuando se enfrentan a la responsabilidad de mantener los estándares de integridad. Puede llegar un momento en que escuche informes sobre alguien o algo que parece información falsa. Lo mejor que puede hacer es llevar a cabo una investigación justa. La verdad parcial es engañosa y también peligrosa, además de que puede dañar involuntariamente a otros. No confíe en la desinformación, los rumores, sino que vaya directamente a la fuente del asunto. Elija sabiamente sus decisiones y opere con discreción, asegúrese de aclarar todos los hechos, no solo haga una suposición. Prepárate para practicar la verdad hablando con amor y misericordia, te ayudará a mantener el motivo correcto. Sacrifica tus emociones y entonces verás claramente qué hacer. Por misericordia y verdad se purga la iniquidad: y por el temor del Señor los hombres se apartan del mal. Proverbios 16:6

Coraje personal

Casi todos los días me levanto y me pongo mi juego de dos etiquetas para perros, una de las razones es porque soy su hijo, necesito que me recuerden que está conmigo y no tener miedo. Soy su soldado / guerrero, por lo que una de mis etiquetas de perro es del Ejército. El otro tiene un mensaje grabado que dice: "¿No te he mandado? Sé fuerte y valiente. No os asustéis, y no os consternéis, porque el Señor vuestro Dios está con vosotros dondequiera que vayáis" Josué 1:9. En el ejército, usted está seguro de enfrentar algún tipo de peligro físico en algún momento de su servicio a los Estados Unidos. Esto también se puede decir de los bomberos, oficiales de policía y otro personal de emergencia como paramédicos y médicos. Se necesita un verdadero héroe para hacer frente a la injusticia y ofrecerse como voluntario para ayudar durante los tiempos difíciles. Tener coraje personal significa enfrentar el miedo, la adversidad, el peligro, la dificultad o la incertidumbre.

En mis siete años de servicio hubo innumerables historias de coraje personal y personas que estaban condicionadas a enfrentar las probabilidades, sin importar el costo. La razón por la que creo que fue porque la actitud de luchar y ganar estaba bien arraigada en su alma. El coraje personal a menudo significaba admitir sus errores, adherirse a un estándar que otros pueden no estar siguiendo, incluso si le cuesta negativamente. Sé que la mayoría de las personas comunes, o "civiles", como diría cualquier veterano, probablementeno se encuentren en las "líneas del frente". Aún teniendo la cualidad de coraje personal, tienes un papel en liderar, construir, alentar, inspirar y motivar a otros en tu equipo para que trabajen para completar la misión. Puede involucrarse diariamente entrenando, dirigiendo, asesorando y apoyando a los miembros de su equipo. Esto permite a otros tomar buenas decisiones.

A menudo, en una organización habrá personas que no estén de acuerdo con usted, o que podrían no compartir la misma visión. Manténgase en el camino correcto y sufra coacción personal, incluso si tomar esa acción no es popular entre los demás. Cuando ejercitas el coraje personal, permite la oportunidad para que otros proporcionen retroalimentación crítica y promueve sus ideas sobre cómo el equipo puede ser más efectivo. Nos enfrentamos a desafíos que entran en conflicto con nuestra propia ética y moralidad. Jesús dijo en Juan 16:33:33 "Os he dicho estas cosas, para que en mí tengáis paz. En el mundo tendrás tribulación. Pero anímate; He vencido al mundo". El coraje personal se pone difícil, tenemos que enfrentarnos a eso que realmente no nos gusta. Las Escrituras nos dicen en 2 Timoteo 1: 7 "Dios no nos dio un espíritu de temor, sino de poder, amor y autocontrol. ¡Confía en su palabra diariamente para superarla!

Los discípulos tenían mucho coraje personal, a menudo las autoridades religiosas y legales los amenazaban, aun así los discípulos no abandonaban su creencia en Cristo. Muchos de ellos experimentaron muertes horribles al promover la causa del evangelio. Debemos tomar nota de su fuerte compromiso con el coraje personal. Los seguidores de Cristo deben correr con perseverancia la carrera marcada para nosotros, fijando nuestros ojos en Jesús, el pionero y perfeccionador de la fe (Hebreos 12: 1-2) Las Escrituras han dado forma a la forma en que los creyentes ven el mundo. La Biblia les da a los seguidores de Cristo una "ruta GPS" espiritual sobre cómo practicar el coraje de sus vidas. Coraje significa tener tus convicciones empapadas en sudor. El coraje personal significa más que solo saber lo que hay que hacer, es hacerlo. Sin coraje personal, solo estábamos dando un servicio de boquilla a nuestras convicciones.

Estos valores de liderazgo; al igual que el coraje personal son entrenamientos especializados para guiar, alentar e inspirar la vida interior de la persona. Les ayudará a formar identidad espiritual: fortaleciendo, desarrollando su carácter interior como líderes. Durante mi tiempo sirviendo en el ejército, descubrí que el compromiso y la capacidad de un individuo para ser cariñoso y sensible a las necesidades de otra persona era la base para ser un líder efectivo. Aprendí que los militares invirtieron en proporcionar un conjunto de valores morales para ayudarlos a guiarlos hacia el éxito. Creo que es por eso que la vida de un seguidor de Cristo requiere que descubramos el discernimiento, buscando la dirección y la guía del Espíritu Santo. Es de igual importancia que las organizaciones proporcionen algún nivel de dirección espiritual para sus líderes. ¡Nuestra visión es crear un curso de desarrollo de liderazgo para lograr esto!

Estamos en los últimos días, en los últimos diez años la corrupción, y el escándalo ha subido altísimo. Las investigaciones muestran que la avaricia y el comportamiento poco ético han causado mucha desconfianza en el lugar de trabajo. Hay una falta de liderazgo espiritual en nuestro mundo. Necesitamos hombres y mujeres fuertes que tengan un compromiso inquebrantable con Jesucristo. El desafío que tenemos ante nosotros: ¿cómo enseñar los principios de las Escrituras a esta próxima generación?

Estamos rodeados de muchos tipos de personas influyentes y redes sociales. Los estudiantes están siguiendo estas voces en: Internet, películas, música y publicidad. Escribí este libro como una solución para motivar y alentar a las mentes jóvenes a liderar hoy con una visión bíblica del mundo. Es mi esperanza que a través de este libro comiences la transformación para convertirte en un líder para Jesucristo.

SOBRE EL AUTOR

Justin Richards es un seguidor de Cristo nacido en Texas, conservador y veterano de combate del ejército. También es un diseñador gráfico / web que actualmente vive en el noroeste de Arkansas con su esposa y 2 hijos.

Puede comunicarse con él en la siguiente información de contacto:

Teléfono: (479) 409-6173

Correo electrónico: freedomwarriorsalliance@gmail.com

Sitio web: https://www.tacticalcommandos.com